DEUS 프로그램에 기반한
한국어 텍스트의 난이도 평가

이 저서는 2022년 대한민국 교육부와 한국연구재단의 인문사회분야 중견연구자지원사업의 지원을 받아 수행된 연구임(NRF-2022S1A5A2A01043756).

DEUS 프로그램에 기반한 한국어 텍스트의 난이도 평가

전문기 · 장채린 · 정혜녕 지음

한국문화사

책머리에

이 저서는 필자가 최근에 개발한 한국어 텍스트 분석 시스템인 DEUS 시스템을 활용하여 한국어 텍스트의 난이도를 객관적으로 분석 및 평가하는 데 적용될 수 있는 새로운 텍스트 분석 패러다임에 대해 소개한다. 구체적으로 본 저서에서는 한국어 텍스트의 난이도 측정에 대한 이론적 배경과 난이도를 객관적이고 신뢰롭게 측정하는 데 효과적으로 이용될 수 있는 DEUS 시스템의 개발과정과 활용 방안에 대해 소개한다. 다양한 기술적 혁신이 요구되는 4차 산업혁명 및 AI 시대에 텍스트 난이도의 자동화된 측정을 가능하게 하는 DEUS 시스템과 같은 언어분석 소프트웨어는 단순히 학문적 관심을 넘어 교육 현장에서도 매우 중요한 역할을 한다. 특히, 학습자의 수준에 맞는 학습 교재를 개발하고, 이를 통해 효과적인 학습을 유도하는 데 있어서 텍스트 난이도의 정확하고 객관적인 측정은 매우 중요한 일이라고 할 수 있다. 따라서 텍스트의 난이도 측정은 교육적 및 연구적으로도 그 가치가 매우 크다고 볼 수 있다. 이러한 중요성에도 불구하고, 아직까지 국내에 다층적인 차원에서 텍스트의 난이도를 심층적으로 분석하는 데 활용될 수 있는 시스템이 부족한 상황이다. 서구에서는 이미 다차원적 측정치에 기반해 텍스트 난이도를 분석하는 데 적극적으로 활용될 수 있는 텍스트 분석 시스템들이 개발되었다.

이와 같은 필요성에 의해 한국어 텍스트의 난이도를 다차원적 언어적 특성에 기반해 보다 정확하고 신뢰롭게 분석하는 데 적용될 수 있는 DEUS 시스템이 개발되었다. 건국대학교 뇌언어공학연구실에서 개발된 DEUS 시스템이 향후 한국어 텍스트의 난이도를 분석하는 데 적용될 수 있는 새로운 방법론적 패러다임으로 기능하기를 기대한다.

본 저서는 아래와 같이 4개의 장으로 구성된다. 제1장에서는 텍스트 난이도의 개념과 필요성 및 난이도를 측정하는 데 적용가능한 언어 이론을 제시하였다. 구체적으로 난이도의 정의와 관련된 다양한 개념들을 제시하였고, 난이도 측정이 왜 중요한지에 대해 논의하였다.

제2장에서는 DEUS 시스템의 개발 동기와 텍스트 난이도의 객관적 측정 방법에 대해 제시하였다. DEUS 시스템은 텍스트 난이도 측정을 자동화하고 객관화하는 데 이용될 수 있는 유용한 텍스트 분석 시스템이다. 텍스트의 심층적인 언어적 특성을 컴퓨터로 분석하는 것은 매우 어렵고 도전적인 일이다. 본 저서에서는 DEUS 시스템 개발을 통해 텍스트의 표층 및 심층적 수준을 보다 신뢰롭고 객관적으로 분석할 수 있는 가능성을 제시하였다.

제3장에서는 DEUS 시스템의 주요 측정치와 기능 및 DEUS 시스템 사용법을 제시하였다. DEUS 시스템 사용자가 웹 상에서 텍스트 난이도를 용이하게 측정할 수 있도록 DEUS 시스템의 인터페이스와 주요 기능들을 상세히 제시하였다. 이를 통해 DEUS 시스템이 제공하는 측정치와 이러한 측정치가 텍스트 난이도 분석에 어떻게 기여하는지를 이해할 수 있을 것으로 기대한다.

마지막으로, 제4장에서는 DEUS 시스템에 기반한 한국어 텍스트 분석 사례를 소개하였다. 중학교 국어 교과서 읽기 지문, 한국어 학습자의 작문 텍스트, 한국어능력시험(TOPIK) 지문 등에 대한 난이도 분석을 통해서 텍스트 난이도가 학습자의 학년별, 수준별 특성과 어떻게 상호작용하는지에 대한 구체적인 데이터를 제시하였다. 이러한 분석 결과는 텍스트의 난이도를 객관적으로 분석하여 학습자의 능력에 맞는 학습 자료를 제공하는 데 중요한 준거 자료가 될 수 있을 것으로 기대한다. DEUS 시스템이 앞으로 데이터 기반 언어 연구, 언어 기반 인공지능 학습 모델 개발, 교육용 텍스트 설계, 정서 및 인지 평가 등 다양한 실용적 영역에 유용하게 활용되기를 기대한다.

목차

제1장

텍스트 난이도 측정에 대한 이론적 배경

1. 객관적인 난이도 측정의 필요성

텍스트의 난이도를 산정하고 그 특성을 규명하는 작업은 언어학과 교육학, 그리고 응용 언어학을 비롯한 여러 학문 분야에서 오랫동안 핵심적 과제로 다루어져 왔다. 글의 난이도는 단순히 언어적 표현의 복잡성만을 의미하는 것이 아니라, 학습자 또는 독자가 해당 텍스트를 얼마나 수월하게 이해하고 처리할 수 있는지를 반영하는 중요한 지표이기 때문이다. 따라서 텍스트 난이도를 적절히 분석하고 조정하는 일은 교재 개발, 언어 교수·학습 과정 설계, 시험 문항 제작, 나아가 사회 전반의 언어 사용과 정책 결정 과정에까지 긴밀히 연결된다. 이는 지식과 정보의 전달이 일차적으로 '텍스트'를 매개로 이루어진다는 사실과도 밀접한 관련이 있다.

물론 최근에는 디지털 미디어의 발달로 인해 영상과 같은 멀티모달(multi-modal) 자료가 중요한 학습 및 정보 매개체로 부상하고 있다. 영상은 시청각적 자극을 활용하여 정보를 보다 직관적으로 제시하고 학습자의 흥미를 유발할 수 있다는 점에서 강점을 지닌다. 그러나 그럼에도 불구하고 텍스트는 여전히 지식과 정보 전달의 가장 핵심적인 수단으로 기능한다. 이는 텍스트가 제작 비용 측면에서 상대적으로 경제적일 뿐 아니라, 독자 스스로 필요한 부분을 선별적으로 발췌하여 자신에게 적합한 속도로 읽고 이해할 수 있는 자율성을 보장하기 때문이다. 또한 텍스트는 단순히 정보를 습득하는 차원을 넘어, 독자가 내용을 심층적으로 분석하고 논리적·비판적 사고를 확장하는 데 효과적이다. 반면 영상 매체는 제작 비용이 더 크고, 시청자의 수용 방식이 일정 부분 매체가 제공하는 흐름에 종속된다는 점에서 자율성과 깊이 있는 사고를 담보하기 어렵다는 한계가 있다. 물론 다루는 주제의 성격이나 정보 습득의 목적에 따라 영상이 더 효율적일 수 있는 경우도 존재하지만, 이는 특정한 상황에 한정된 것이라고 할 수 있다. 이러한 맥락에서 볼 때, 텍스트가 지식 전달에서 수행하는 핵심적 역할은 여전히 대체 불가능한 성격을 지니고 있다고 하겠다.

이러한 중요도를 가지는 텍스트를 작성하거나 제시함에 있어서 그 난이도를 고려하는 것은 교육 분야를 비롯하여 콘텐츠 제작, 정책, 출판, 평가 등의 생활 곳곳에서 필요한 일이다. 예를 들어 교육 분야에서는 연령에 따라 텍스트 난이도를 구분하며, 특히 외국어 교육 분야에서는 학습자의 숙달도(proficiency level)에 따라 텍스트의 난이도를 구별하여 교수·학습 상황에서 활용하는 일이 매우 필수적인 일이다. 또한 콘텐츠 제작 시에도 독자층에 맞게 텍스트(구어 상황에서는 '담화') 난이도를 조절하여 정보의 전달력을 높이기도 한다. 정부의 각종 정책 또한 일반 국민 수준에 맞게 난이도를 조절하여 쉬운 언어를 사용하도록 지향하고 있다. 출판 분야에서도 독자층의 특성을 고려하여 적합한 난이도를 산정하는 것이 필요하며, 그에 맞는 자료를 추천할 수 있는 시스템을 구축하는 노력을 하고 있으며, 텍스트 난이도를 조절하여 언어 평가를 비롯한 각종 평가에 활용하고 있다.

이와 같이 텍스트 난이도를 고려하는 일은 다양한 분야에서 이루어지고 있으나, 생각보다 텍스트 난이도 측정에 있어 그 객관성, 정확성, 정교성을 제고하는 일은 체계적으로 논의되기가 어려운 측면이 있으며, 한국에서는 난이도 관련한 논의가 난이도 측정 공식을 제시하고 그것의 타당도를 논의하는 데에 머물러 있는 경우가 많다. 그러나 이러한 시도를 넘어 국내외 텍스트의 언어적 특성, 복잡한 정도 등에 대한 여러 측정치 관련 논의, 난이도 및 이독성 논의를 수렴하여 빅데이터, 인공지능, 텍스트 마이닝 등의 기술과의 연계를 통한 텍스트 난이도 측정으로 나아갈 수 있도록 발판을 마련하는 장이 마련될 필요가 있다(장미경, 2022). 나아가 사용자가 쉽게 사용할 수 있는 자동화 수준으로 발전된 웹 기반 텍스트 난이도 측정 서비스가 제공될 필요가 있다.

본서에서 다루고자 하는 DEUS 시스템은 이러한 맥락에서 주목할 만하다. DEUS는 텍스트 난이도의 객관성과 정밀성을 높이는 동시에, 신속하고 효율적인 측정을 가능하게 하는 혁신적 시스템이다. 이를 통해 교육, 출판, 정책, 평가 등 다양한 분야에서 실제적으로 활용될 수 있으며, 텍스트 난이도 연구와 실천 모두에 커다란 파급 효과를 가져올 것으로 기대된다.

2. '난이도' 개념

'난이도(難易度)'는 '난도(難度)' 즉 '어려운 정도'와 '이도(易度)' 즉, '쉬운 정도'를 합친 말이며, 사전적 의미는 '어려움과 쉬움의 정도'이다. 그런데 우리가 실생활에서 '난이도'와 함께 사용되어 연어를 이루는 경우를 살펴보면, '난이도가 높다/낮다', '난이도를 조절하다' 등이 대표적이다. 여기에서 '난이도가 높다'라는 말은 통상적으로 '어렵다'와 같은 의미로 사용되며, '난이도가 낮다'라는 말은 '쉽다'와 같은 의미로 사용된다. 따라서 엄밀히 따져 보면 '난이도가 높다'를 '어렵다'와 같은 의미로, '난이도가 낮다'를 '쉽다'와 같은 의미로 각각 사용하는 것은 어폐가 있을 수 있다. 난이도가 높다는 말은 어려움과 쉬움의 정도가 동시에 높다는 의미이며, 난이도가 낮다는 말은 어려움과 쉬움의 정도가 낮다는 의미로 해석되므로 각각 어려움과 쉬움의 의미로 연결되지 않는다. 만약 각각 '어려움'과 '쉬움'의 의미를 나타내기를 의도한다면 '난이도'라는 용어가 아닌 '난도(難度)'로 높고 낮음을 표현하여야 적확한 표현이 될 것이다. 이러한 맥락에서 '어려운 정도'의 의미로 잘못 쓰이고 있는 '난이도'라는 용어를 쓰지 말고, 적확하게 표현하기 위해 '난도'로 써야 한다는 논의들이 있다(정혜승, 2010; 최영환, 2003). 이러한 의견에는 동의하지만 '난이도', 즉 어렵고 쉬운 정도를 가리키는 이 용어 자체가 부적확한 것은 아니며, 이미 관습적으로, 보편적으로 널리 언중들에게 사용되고 있으므로 그대로 사용해도 문제가 없을 것으로 보인다(이보미, 2020; 장미경, 2012; 장채린 & 전문기, 2024a). 단지 어렵다는 의미를 표현하기 위하여 '난이도가 높다', 쉽다는 의미를 표현하기 위하여 '난이도가 낮다'라고 표현하는 것을 지양하고, '난이도'라는 단어 그 자체의 사용과 '난이도를 조절하다'라고 사용하는 것은 큰 문제가 없을 것으로 본다.

이와 같이 텍스트의 어렵거나 쉬운 정도를 따지는 것이 텍스트 난이도를 측정하는 것인데 그렇다면 텍스트가 어떠한 특성을 가졌을 때 어렵다/쉽다고 하는 것일까? 어렵다 또는 쉽다고 하는 것은 어찌 되었든 텍스트 독자의 의견과 '평가'가 반영되어 있는 주관적인 결론이다. 보통 해당 텍스트가 어렵다고 할 때에 보이는 전형적인 텍스트의 특징들이 있으며, 반대로 쉬운 텍스트가 가지는 전형적인 언어적인 특성들이 있다. 비교적 객관적이고 상식적인 선에서 말하는 '난이도'는 이와 관련된 개념으로 볼 수 있다. 한편 똑같은 텍스트를 대상으로 하였더라도 어떤 독자에게는 평이하게 느껴질 수도 있고 어떤 독자에게는 까다롭게 느껴질 수도 있다. 결국 그 독자의 배경지식과 맥락에 따라 결론지어지는 난이도는 주관적이며 평가적이고 개인적이다.

위와 같은 측면에서 보았을 때 난이도는 즉 '객관적 난이도'와 '주관적 난이도'로 나뉠 수 있을 것이다. 객관적 난이도는 통상적으로 말하는 어려운/쉬운 텍스트가 보이는 언어적 특성을 산술적으로 측정하여 객관적으로 기술되는 어렵고 쉬운 정도를 말하며, 주관적 난이도는 독자가 주관적으로 느끼는 개인적인 평가로서의 어렵고 쉬운 정도를 말한다. 본서에서 다루는 DEUS는 '객관적 난이도'를 측정하는 시스템이며 이것이 절대적인 난이도를 산정할 수 있는 프로그램으로 보는 것이 아니다. DEUS를 통해서 측정된 객관적 난이도는 주관적 난이도를 판단하고 결론 짓는 데에 고려되는 한 요인으로 이해될 수 있을 것이다.

3. '난이도'와 관련된 여러 개념

그동안 이루어진 여러 선행 연구와 문헌들에서 텍스트의 '난이도'라는 개념은 결코 단일 차원에서 정의되지 않고, '복잡성(complexity)', '이독성(readability)' 등과 긴밀히 연결된 개념으로 다루어져 왔다. 다시 말해, 연구자들은 텍스트 난이도를 논의하는 과정에서 해당 연구의 목적과 문제의식에 따라 '복잡성'이라는 용어를 택하거나, 혹은 '이독성'이라는 개념을 강조하는 방식을 취해 왔다. 난이도와 관련된 다양한 개념들은 연구의 초점에 따라 선택적으로 사용되면서, 그 의미와 범주가 다소 유동적으로 이해되어 왔다. 따라서 각각의 개념을 분리하여 개별적으로 고찰하고, 동시에 이 개념들이 텍스트 난이도라는 상위 개념과 어떠한 관계를 맺고 있는지를 면밀히 살펴보는 과정이 필요하다. 이를 통해 난이도 연구가 단순히 한 가지 측정치나 기준에 의존하지 않고, 보다 다차원적이고 정교한 논의로 확장될 수 있다.

아울러 본서에서 중점적으로 다루게 될 DEUS 시스템이 텍스트 난이도와 관련하여 어떠한 차원과 영역에 관여하고 있는지를 규명하는 것도 중요한 과제라 할 수 있다. 다시 말해, DEUS가 단순히 어휘적·문법적 요소의 '복잡성'을 측정하는 수준에 머무르는지, 아니면 독자 경험을 반영한 '이독성' 차원까지 포함하는지, 혹은 두 개념이 교차하는 영역에서 새로운 난이도 분석의 가능성을 열고 있는지를 검토해야 한다. 이러한 논의는 DEUS 시스템의 학문적 기여와 응용 가능성을 보다 분명히 하는 동시에, 향후 난이도 연구의 방향성을 구체적으로 제시하는 데 중요한 기반이 될 것이다.

3.1. 복잡도

우선 '복잡성(complexity)' 혹은 '복잡도(the degree of text complexity)'라는 용어로 지칭되는 개념을 살펴볼 필요가 있다. 일반적으로 텍스트 복잡도란 특정 텍스트가 지니는 복잡성의 정도를 의미하며, 서혁 외(2013:255)는 이를 독자의 이해 과정에 영향을 미치는 중요한 특성으로 규정하였다. 나아가 서혁(2011:454)은 텍스트 복잡도를 구성하는 요인으로 크게 구조적 측면, 의미적 측면, 그리고 독자가 보유한 배경 지식의 측면을 제시한 바 있다. 다시 말해, 텍스트 복잡도는 단순히 텍스트 자체의 언어적 특질에 국한되지 않고, 독자가 그것을 어떻게 처리하고 이해하는가와도 긴밀히 연결되어 있는 개념으로 이해될 수 있다.

그런데 이러한 '복잡성/복잡도'라는 개념 역시 앞서 '난이도(difficulty)'를 '객관적 난이도'와 '주관적 난이도'로 구분하여 논의한 것과 마찬가지로, 연구자들에 의해 두 가지 주요 맥락에서 다소 상이하게 사용되고 있는 것으로 보인다. 하나의 경우는 '복잡도'가 '주관적 난이도'의 의미, 즉 독자가 실제로 느끼는 전반적 읽기 어려움과 거의 동일한 의미 영역에서 사용되는 맥락이다. 이 경우 복잡도는 텍스트가 지닌 언어적·인지적 부담의 정도를 종합적으로 가리키며, 독자 변인과의 상호작용까지 포함하는 폭넓은 개념으로 다루어진다. 다른 하나의 경우는 '복잡도'가 통사적 복잡성과 같이 언어 구조적 특성에 한정되어 사용되는 맥락이다. 이 경우 복잡도는 문법 구조의 길이, 절의 중첩 여부, 종속 구조의 복잡성 등 보다 협의의 언어학적 요인만을 지칭한다.

'객관적 난이도'의 의미와 유사한 차원에서 복잡성을 다룬 대표적인 사례로는 최숙기(2011)가 소개한 미국 공통핵심교육과정(Common Core State Standards, 이하 CCSS)에서 제안한 '텍스트 복잡도 모형(text complexity model)'을 들 수 있다. 이 모형에서는 텍스트 복잡도를 단일 지표로 파악하기보다 세 가지 주요 측면에서 종합적으로 평가할 것을 제안한다. 첫째, 양적 요인(quantitative factors)으로 단어의 길이, 단어 빈도, 문장의 길이, 그리고 텍스트 응집성(cohesion)과 같은 객관적으로 계량화가 가능한 지표들이 포함된다. 둘째, 질적 요인(qualitative factors)으로 텍스트의 의미적 깊이와 목적, 구조의 복잡성, 언어 관습의 특질, 언어적 명료성, 그리고 이해를 위해 요구되는 사전 지식 수준 등이 포함된다. 셋째, 독자 및 과제 요인(reader and task factors)으로, 이는 독자의 연령, 독서 능력, 흥미와 동기, 그리고 주어진 과제의 특성에 따라 동일한 텍스트가 다르게 평가될 수 있음을 반영한다.

이와 같이 CCSS에서 제시한 텍스트 복잡도 모형은 텍스트 난이도 혹은 복잡도를 단순히 언어학적 변수에 한정하지 않고, 텍스트 자체의 특성과 더불어 독자와 과제의 맥락을 모두 고려해야 함을 강조하고 있다는 점에서 주목할 만하다. 그림으로 제시된 해당 모형을 통해서도 확인할 수 있듯이, 텍스트 복잡도는 다차원적이며, 다양한 요인들이 상호작용하는 가운데 종합적으로 이해될 수 있는 개념임을 보여준다.

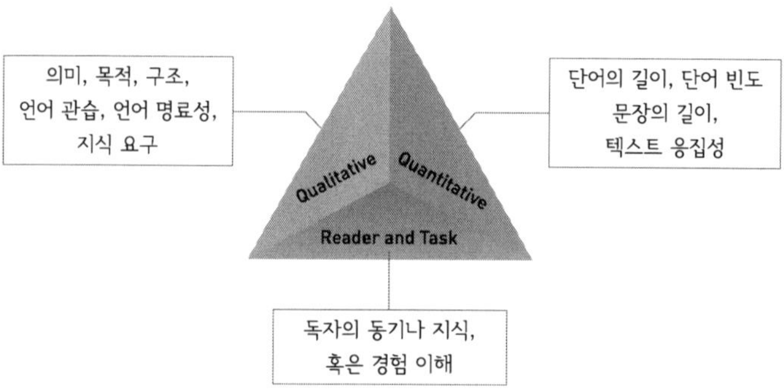

〈그림 1〉 텍스트 복잡도 측정을 위한 삼원 모형(CCSS에서 제시한 내용임. 최숙기 2011:11)

텍스트 내의 단어 길이와 빈도, 문장 길이, 텍스트 응집성과 같은 양적 요인은 소프트웨어를 통한 분석이 효율적일 것으로 보이며, 질적인 차원의 의미, 목적, 구조, 언어 관습, 언어 명료성, 지식 요구는 교사 등의 전문가가 결정할 수 있는 부분으로 볼 수 있다. 한편 독자의 동기나 지식, 경험 등의 독자 및 과제 요인 역시 독자를 비롯한 사용자가 판단할 수 있는 부분이다. 이 세 가지 차원 중 DEUS에서는 양적 요인에 있어서 그 복잡도 측정을 자동화할 수 있으며 효율적인 운용이 가능할 것으로 보인다.

한편 '복잡성', '복잡도'라는 용어는 주로 '통사적'이라는 말과 연어 관계를 이루며 자주 쓰이는데, 이때의 복잡성은 주로 문장 구조적인 관계가 얼마나 복잡한지와 관련된 개념으로 자주 쓰인다. 통사적 복잡도를 다룬 여러 논의에서는 텍스트 길이, 문장과 문단 수, 평균 문장 길이, 어절 수, 평균 어절 길이, 단어 수, 어휘 길이 등을 기본적으로 포함하고 통사적 복잡도의 요인으로 보고 있는 경우가 많다. 통사적 복잡도는 교수·학습 대상이 되는 텍스트의 난이도나 학습자가 생산한 텍스트의 복잡도를 판정할 때 자주 사용되어 온 개념이다.

그동안의 선행 문헌에서는 통사적 복잡도가 주로 학습자의 쓰기 작문을 대상으로 측정되었다. 선행 연구에서 학습자 작문의 통사적 복잡도를 측정할 때 고려한 세부 요인을 나열하면 다음과 같다.

박지순 & 서세정(2009): 겹문장 및 복합문장이 전체 문장9에서 차지하는 비율, 작문당 내포절과 종속절의 개수 등의 전 분석

김선정 & 김목아(2011): 복문의 사용 양상(문장당 어절 수, 문장당 절 수, 작문당 절 수), 연결어미 사용 양상(의미 범주별 연결어미 사용 양상, 의미범주별 연결어미 사용 비율), 전성 어미 사용 양상(전성어미 사용 빈도와 비율)

음승민(2012): 문장 구조(복문 수, 절의 수)

남주연, 김양희 & 김영주(2016): 산출 길이(절당 단어, T-unit당 단어 등), 문장 확장(접속 관계, 내포 관계, 대등 지수, 내포절 유형)

이복자(2016): 대등절· 내포절 수, 절 길이

위의 논의를 비롯한 여러 통사적 복잡도에 관한 논의를 통해 살펴보았을 때, 통사적 복잡도의 핵심적인 요인은 '문장 확장의 양상(문장 구조의

양상)'에 있는 것으로 볼 수 있다. 그동안 선행 연구에서 통사적 복잡도의 한 요인으로 논의되어 왔던 '문장 길이'는 '통사적 복잡도'의 개념에 엄밀히 비추어 보면 다소 거리가 있다. 문장 길이가 길어도 통사적으로 단순할 수 있고, 문장 길이가 짧아도 통사적으로 복잡할 수 있기 때문이다. 통사적 복잡도는 문장 확장의 양상에만 한정시키는 것이 바람직할 것으로 보인다. 즉, 문장 확장의 유형(접속 관계, 내포 관계 등)을 측정하여 통사적 복잡도를 판단하는 것으로 수렴된다고 보는 관점이 필요하다(홍혜란 외, 2024).

3.2. 이독성

'이독성'은 '독자가 특정 텍스트를 얼마나 쉽게 이해할 수 있는가'를 의미하는 개념이다(Fry, 2002). 이독성에 대한 연구는 주로 텍스트 내 단어의 길이, 문장의 길이, 어휘 난이도, 문장 구조 등을 분석하여 해당 글의 난이도를 수치화하는 이독성 공식을 개발하는 방향으로 진행되어 왔다(성일호, 2014:301). 이독성에 영향을 미치는 요인은 크게 세 가지로 나눌 수 있는데, '물리적 요인(예: 글씨체, 글자 크기)', '텍스트 요인(예: 단어의 길이, 어휘 수준, 문장 길이)', 그리고 '독자 요인(예: 독자의 학습 동기, 독해 능력, 배경지식)'이 있다(신정록, 2013:16). 이 중 '물리적 요인'과 '독자 요인'을 제외하고 '텍스트 요인'의 하위 요소를 살펴보면, 기존 연구에서 '난이도'를 결정하는 요인으로 다뤘던 내용과 큰 차이가 없다. 또한, 이독성을 측정하는 공식이 만들어지는 과정에서 고려된 요소들은 기존 연구에서 난이도를 산출하는 데 사용되었던 요인과 유사하다. 따라서 이독성에 영향을 주는 텍스트적 요인은 결국 난이도와 밀접하게 연관된 요소로 볼 수 있다.

이독성의 개념 일부는 난이도가 의미하는 '독자가 특정 텍스트를 이해하는 데 느끼는 어려움의 정도'와 겹칠 수 있다. 장미경(2012)은 '난이도'를 텍스트 자체의 난이함을 나타내는 개념으로 한정한 반면, '이독성'은 독자가 처한 상황 속에서 텍스트가 어렵게 느껴지는 정도로 구분했다. 그러나 '어렵다' 또는 '쉽다'는 결국 판단의 영역이며, 판단 과정에는 필연적으로 주관성이 개입될 수밖에 없다. 이러한 관점을 고려하여 본서에서는 이독성과 난이도를 명확하게 구분하지 않았다. 다만, '난이도'는 '이독성'과 달리 텍스트의 '어려운 정도'까지 포함하는 개념으로 이해될 수 있다. 일반적으로 텍스트의 복잡성이 높을수록 난도는 증가하고, 이독성이 높을수록 난도는 낮아진다고 볼 수 있다. 그러나 텍스트가 복잡하다고 해서 반드시 난도가 높은 것은 아니다. 특정한 복잡성 요소는 텍스트의 난이도에 직접적인 영향을 미치지 않을 수도 있기 때문이다.

예를 들어, 인과 관계를 나타내는 접속 부사를 포함하면 문장의 길이가 길어지고 표면적인 복잡성이 증가할 수 있다. 하지만 이러한 접속 부사는 텍스트의 정합성(cohesion)을 높여 독자의 이해를 돕기 때문에 오히려 난도를 낮추는 역할을 하기도 한다(Caron, Micko, & Thüring, 1988; Millis & Just, 1994; Murray, 1997). 따라서 복잡성은 텍스트 난이도를 추론하는 데 유용한 객관적 지표로 활용될 수 있지만, '복잡성'과 '난이도'는 개념적으로 구분되어야 한다. 즉, '복잡성'은 텍스트 자체의 언어적 특성이 얼마나 구조적으로 복잡한지를 나타내는 객관적 지표이며, '난이도'는 독자의 입장에서 텍스트를 이해하기 어렵거나 쉬운 정도를 의미한다.

본서에서는 이러한 난이도를 측정하는 것을 주요 목표로 삼고 있으며, 이를 위해 텍스트의 언어적 복잡성을 포함한 난이도 결정 요인들을 종합적으로 분석하여 논의하는 데 초점을 맞추고자 한다.

4. 난이도 측정 요인에 대한 쟁점

현재까지 국내의 연구에서 '난이도, 이독성, 복잡도'를 키워드로 하여 그 세부 요인을 어떻게 보고 있는지 정리하며 살펴보자. 한국어 모국어 화자를 대상으로 한 정규 학교에서의 교과교육 분야와 한국어교육 분야에서 텍스트의 난이도, 이독성, 복잡도를 다루었다. 그리고 주로 어휘, 문장 차원으로 나누어 세부 요인을 제시하였는데, 이를 표로 정리하면 다음과 같다.

〈표 1〉 선행 연구에서 논의한 난이도 요인에 대한 정리(장채린 & 전문기, 2024a)

연구명	대상 분야	사용 개념	요인	
			층위	세부 내용
윤영선(1975)	교과교육	난이도	어휘	쉬운 단어의 비율, 서로 다른 단어의 비율, 서로 다른 어려운 단어의 비율, 다음절 단어의 비율, 한자의 비율, 대명사
			문장	단어로 본 평균 문장 길이, 단문의 비율
			접속사	접속사
윤창욱(2006)	교과교육	이독성	어휘	단어 난이도, 지시어, 접속어, 인칭대명사
			문장	문장 길이, 단문
이지혜(2009)	한국어교육	난이도	어휘	어휘 목록 활용, 어려운 단어 수 측정
			문장	전체 문장의 수 측정
김장식(2011)	한국어교육	난이도	어휘	어휘 목록 활용, 어려운 단어의 수
			문장	문장별 평균 어절 수, 전체 문장의 수
백재파(2011)	한국어교육	이독성	어휘	단어의 난이도
			문장	문장 길이
서혁 외(2013)	교과교육	복잡도	단어	세 등급이 서로 다른 단어 수, 각 등급에 포함되지 않은 서로 다른 단어 수
			문장	문장 복잡도 평균(문장 단계에 따른 문장 형식과 결합 양상), 100어절당 문장 수(문장 길이)

장미경(2012)	한국어교육	난이도	어휘	어휘 목록 활용, 수준별 어휘의 분포 측정
			문장	문장 구조의 복잡성
			연결 어미	어미 목록 활용, 수준별 어휘의 분포 측정
구민지(2013)	한국어교육	난이도	어휘	어휘 목록 활용, 수준별 어휘의 분포 측정
			문장	문장별 평균 어절 수 측정
			문법	문형 목록 활용, 수준별 어휘의 분포 측정
			꾸밈 표현	꾸밈 표현 목록 활용
신정록(2013)	교과교육	이독성[1]	어휘	단어 길이, 어휘 난이도
			문장	문장의 길이, 문장 구문 구조
			텍스트	텍스트 길이, 응집성 및 일관성 및 통일성, 텍스트 구조, 텍스트의 특질 및 재간
최소영 외(2024)	교과교육	이독성[2]	전반적	분량(텍스트 길이)
			어휘	어휘 난도(쉬운 어휘 비율)/그 외 등급 어휘 비율, 어휘 다양도(전체 어휘 다양도, 명사 어휘 다양도, 용언 어휘 다양도), 품사 비율(명사 비율, 동사 비율, 형용사 비율)
			문장	문장당 평균 글자 수, 문장당 평균 단어 수

기존 연구들에서 텍스트 난이도에 영향을 미치는 주요 요인으로 가장 많이 언급된 것은 어휘와 문장의 수 및 길이였다. 또한 연구에 따라 어휘 난이도(어휘 목록 기반 분석), 어휘의 다양성, 문법 난이도(문법 목록 활용), 대명사의 사용 빈도, 품사별 분포 비율, 문장 구조의 복잡성(단문/복문 여부) 등이 난이도 산정의 기준으로 제시되기도 했다.

국내 연구들뿐만 아니라, 해외에서 진행된 난이도 및 이독성 측정 모델

1 신정록(2013)은 이독성의 세부 요인을 '물리적 요인', '텍스트 요인', '독자 요인'의 세 가지로 나누었는데, 이 표에 담은 것은 이중에 '텍스트 요인'과 관련된 것이다.

2 이독성을 양적 요인에 한정하여 논의하고 있다.

의 변수 분석 결과를 참고해 보면(신정록, 2013:20; 윤창욱, 2006:30), 난이도 및 이독성 평가를 위한 핵심 변수는 다음과 같이 정리될 수 있다.

〈해외 연구에서의 이독성 측정 공식의 변수〉

• 단어 변수
  - 단어 길이
  - 단어 빈도 · 친숙도
  - 접사
  - (인칭) 대명사
  - 인간 관련 단어
  - 서로 다른 단어
  - 전치사 (구)
  - 내용어 · 기능어

• 문장 변수
  - 문장의 길이
  - 문장의 구조(단문, 구문 구조, 문장 심도, 인간 관련 문장)

해외에서 이루어진 관련 논의들을 살펴보면, 텍스트의 이독성(readability)과 난이도(difficulty)를 측정하는 과정에서 크게 단어 수준의 변수와 문장 수준의 변수로 구분하여 접근하는 경향이 뚜렷하다. 흥미로운 점은 이러한 해외 논의가 한국 내에서 이루어진 연구에 비해 훨씬 다차원적이고 다양한 요인을 고려하고 있다는 사실이다. 구체적으로 단어 변수의 경우 접사(affixes), (인칭) 대명사(personal pronouns), 단어의 속성(word attributes), 전치사 구(prepositional phrases), 내용어(content words) 및 기능어(function words)와 같은 세부 요인들이 포함되어 왔는데, 이는 국내 연구에서 상대적으로 간과되거나 거의 다루어지지 않은 요인들이다. 또한 문장 변수의 경우에도 문장이 인간과 관련된 문장인지 여부와 같은 항목이 고려된 바 있는데, 이러한 요인 역시 한국어교육학이나 국어교육학의 난이도 연구에서 아직 본격적으로 논의된 바가 드물다.

이와 관련하여, 접사나 대명사, 단어 속성, 인간 관련 문장 여부와 같은 요인들이 한국어 텍스트의 난이도 측정 요소로 본격적으로 활용되기 위해서는 우선 한국어의 특수성과 언어 고유의 구조적·의미적 특징에 대한 심층적 규명이 필요하다. 즉 한국어만의 접사 체계, 대명사 사용 양상, 단어 속성, 문장 및 텍스트 구조의 특성을 면밀히 밝히는 연구가 선행되어야 할 것이다. 더 나아가 해외에서 제시된 난이도 요인들은 대부분 영어를 기반으로 도출된 것이므로, 이를 한국어에 그대로 적용하는 데는 한계가 존재한다. 따라서 대조언어학적 관점에서 영어와 한국어의 언어적 차이를 면밀히 비교·검토하는 과정 또한 반드시 수반되어야 할 것이다. 다만 단어 친숙도(word familiarity), 접사, 대명사와 같이 언어 부편적 차원에서 관찰될 수 있는 일부 요인들은 한국어 난이도 측정에도 비교적 직접적이고 유효하게 적용될 가능성이 크며, 실제로 이러한 요인들은 한국어 연구에도 도입될 필요가 있다.

종합적으로 정리하자면, 지금까지 교과교육학 및 한국어교육학 분야에서 텍스트 난이도를 측정하는 방식은 대체로 표층적 요소(surface-level features)에 집중해 온 경향이 강했다. 예를 들어 단어와 문장의 수나 길이, 문장 구조의 복잡성, 어휘 수준 등과 같은 지표가 대표적으로 활용되어 왔다. 그러나 교과교육학적 연구와 해외에서의 다각적 논의를 면밀히 검토한 결과, 기존 접근법에서 다루지 않았던 다양한 요인들이 난이도 측정 과정에 반영될 수 있는 가능성이 충분히 존재한다는 점이 확인되었다.

따라서 향후 한국어 텍스트의 난이도를 보다 정교하고 타당하게 평가하기 위해서는 기존의 표층적 분석에 국한되지 않고, 다양한 언어적·인지적 요인들을 적극적으로 도입하고 반영하는 확장된 접근이 요구된다. 이는 한국어 텍스트 난이도 연구의 이론적 심화와 더불어 실제 교육 현장에서 학습자 맞춤형 교재 개발이나 평가 도구 제작에도 중요한 기여를 할 수 있을 것이다.

제2장
텍스트 난이도와 컴퓨터 프로그램

1. DEUS 프로그램 개발 동기

1.1. 데이터 마이닝 기법에 기반한 빅데이터 연구

4차 산업혁명 시대는 다양한 기술적 혁신이 일어나고 있는 시기로, 특히 빅데이터와 데이터 분석 기술이 중요한 역할을 하고 있다(강주연 & 이이든, 2019; 김형중 & 김진화, 2017; 박지연 & 장동련, 2020; 양혜진, 안정민 & 이태헌, 2021; 이수안 외, 2019). 데이터 마이닝은 빅데이터를 효과적으로 분석하고 유의미한 정보를 추출하는 데 필수적인 기법이다. 이 기술은 다양한 분야에서 연구자들이 데이터를 분석하고 그 분석에 기반해 새로운 인사이트를 도출하는 데 활용되고 있다. 여러 연구에서 데이터 마이닝 기법이 어떻게 활용되었는지에 대한 사례를 살펴보면, 이 기술의 응용 범위와 중요성을 더욱 잘 이해할 수 있다. 예를 들어, 텍스트 분석, 사회 관계망 서비스(SNS) 데이터 분석, 정책 평가 등의 다양한 분야에서 데이터 마이닝 기법이 사용되고 있다.

먼저, 양혜진, 안정민 & 이태헌(2021)의 연구를 살펴보자. 이들은 토픽 모델링과 질적 텍스트 분석을 결합하여 청와대 국민청원 게시판에 올려진 텍스트 데이터를 분석하였다. 이 연구의 주요 목적은 한국인의 불공정에 대한 인식 정도를 분석하는 것이었다. 분석 결과, 한국인들은 '응보적 공정성'에 대한 인식에서 불공정하다고 느끼는 경향이 있다는 사실이 제시되었다. 응보적 공정성은 사람들의 행동에 대한 보상이나 처벌이 공정하게 이루어지는지를 판단하는 데 사용되는 개념으로, 연구 결과는 사회적 불평등이나 불공정에 대한 한국인들의 민감한 반응을 보여준다. 이 연구는 데이터 마이닝 기법이 어떻게 사회적, 정치적 문제에 대한 인식과 여론을 분석하는 데 강력한 도구가 될 수 있는지 잘 제시해 준다.

또 다른 연구로, 이예나, 최은정 & 김명주(2018)의 연구를 들 수 있다. 이들은 19대 대선 후보에 대한 사회 관계망 서비스(SNS) 데이터를 수집하고, 이를 분석하여 후보자에 대한 평판을 예측하는 연구를 진행했다. 이들은 데이터 마이닝 기법을 활용하여 대선 후보자들에 대한 여론을 분석하였고, 그 결과 데이터 마이닝 기법이 일반적인 여론조사보다 후보자에 대한 평판을 정확하게 예측하는 데 더 효과적으로 사용될 수 있음이 제시되었다. 특히, 사회 관계망 서비스에서의 의견은 사람들의 실제 감정과 의견이 반영되는 경우가 많기 때문에, 이를 기반으로 한 분석이 여론조사보다 더 실시간적이고 신뢰성 있는 예측을 제공할 수 있다는 점이 강조된 연구이다. 이 연구는 데이터 마이닝 기법이 선거와 같은 중요한 사회적 이벤트에서 중요한 역할을 할 수 있음을 시사한다.

이수안 외(2019)의 연구는 교육 분야에서 데이터 마이닝 기법을 활용한 사례를 제시한다. 이들은 교육부의 자유학기제 정책이 각 학교의 교육 정책에 미치는 영향을 평가하기 위해, 각 학교의 운영계획서에 포함된 텍스트를 분석하였다. 데이터 마이닝 기법으로 분석한 결과, 각 학교가 자유학기제를 어떻게 적용하는지에 대해 서로 다른 운영계획을 세우고 있다는 사실을 발견했다. 이는 자유학기제의 적용이 전국적으로 일관되지 않으며, 각 학교가 지역적 특성이나 학교의 목표에 따라 다르게 운영되고 있음을 의미한다. 이 연구는 교육 정책의 효과를 평가하는 데 있어서 데이터 마이닝 기법이 어떻게 활용될 수 있는지를 제시하며, 정책의 실제 효과를 더 정교하게 분석할 수 있는 방법론적 대안을 제시한다.

강주연 & 이이든(2019)의 연구는 청소년 상담 실태를 분석하는 데 데이터 마이닝 기법이 활용된 사례이다. 이들은 네이버 지식iN에서 '청소년상담1388'을 키워드로 관련 텍스트를 수집하여 분석하였다. 분석 결과, 청소년들이 상담을 요청하는 주요한 주제는 학교생활, 가정 문제, 심리적 문제, 그리고 근로와 관련된 내용이었다. 이 연구는 데이터 마이닝 기법이 청소년들이 겪고 있는 다양한 문제를 실시간으로 추적하고 분석하는 데 유용한 도구가 될 수 있음을 보여준다. 또한, 이는 청소년 상담 서비스의 개선을 위한 중요한 정보를 제공할 수 있는 데이터 기반 접근 방식의 효율성을 시사한다.

박지연 & 장동련(2020)의 연구는 데이터 마이닝 기법을 활용하여 디자인 기업의 브랜드 특징을 분석하였다. 이들은 사회 관계망 서비스에서 수집한 텍스트 데이터를 분석하여, 디자인 기업의 브랜드 특징이 어떻게 나타나는지에 대해 연구했다. 분석 결과, 디자인 기업의 브랜드는 새로운 분야에 대한 적극적인 탐색과 혁신성으로 정의될 수 있었다. 이는 데이터 마이닝 기법을 활용하여 기업의 브랜드 이미지를 형성하는 데 필요한 핵심 요소를 식별할 수 있음을 제시한다. 또한, 소비자와의 소통을 강화하고 브랜드 가치를 창출하는 데 필요한 전략의 중요성을 제시한다.

이러한 연구들은 데이터 마이닝 기법이 단순히 기술적 분석을 넘어서, 사회적, 정치적, 경제적 문제를 해결하는 데 중요한 도구가 될 수 있음을 함의한다. 빅데이터를 분석함으로써, 사회의 다양한 측면에 대한 깊은 이해를 얻을 수 있고, 이로 인해 보다 정확하고 효과적인 정책을 수립하거나, 사회적 이슈에 대한 해결책을 제시할 수 있다. 예를 들어, 청소년들의 심리적 문제나 학교생활에 대한 고민을 파악하는 것부터, 대선 후보자의 평판을 분석하고 정치적 여론을 예측하는 것까지, 데이터 마이닝 기법은 사회의 여러 문제를 해결하는 데 유용하게 활용되고 있다.

따라서 이러한 선행연구들에 기반한 추후 연구에서는 데이터 마이닝 기법이 더욱 다양한 분야에서 응용될 가능성이 크다. 예를 들어, 텍스트 언어학 연구에서의 빅데이터 활용, 의료 분야에서의 빅데이터 분석, 환경 문제 해결을 위한 데이터 기반의 정책 제안, 기업의 소비자 행동 분석 등 다양한 분야에서 데이터 마이닝 기술이 중요한 역할을 할 수 있을 것으로 기대한다. 데이터 마이닝 기법을 통해 더욱 심층적이고 구체적인 해결책을 얻을 수 있으며, 이는 문제 해결에 있어서 보다 정교한 접근 방식을 제공할 것으로 기대된다. 이러한 기법은 또한 사회적 책임을 다하기 위해 필요한 정보를 제공하고, 공정하고 투명한 사회를 구축하는 데 기여할 수 있을 것으로 기대된다.

결론적으로, 데이터 마이닝 기법은 4차 산업혁명 시대에 중요한 기술적 도구로 자리매김하고 있으며, 이를 통해 다양한 분야에서 중요한 역할을 할 것으로 기대된다.

1.2. 데이터 마이닝 기법에 기반한 빅데이터 연구의 제한점

앞서 제시한 국내의 빅데이터 관련 연구들은 대체로 데이터 마이닝 기술에 기반하여 텍스트에서 용어나 특정 표현, 그리고 키워드를 검색 및 분석하는 방식으로 수행되어 왔다. 예를 들어, 김형중 & 김진화(2017), 양혜진, 안정민 & 이태헌(2021), 박지연 & 장동련(2020) 등의 연구에서는 텍스트 분석 시 주요한 기술로 데이터 마이닝을 사용하였으며, 이들은 주로 텍스트에 포함된 특정 용어들의 빈도나 상관관계를 중심으로 분석을 진행했다. 이런 방식은 텍스트의 내용이나 의미를 분석하는 데 있어서 유용한 점이 있지만, 그 한계도 명확하게 드러난다. 데이터 마이닝 기반의 빅데이터 분석기법이 대부분 텍스트 내 용어들의 관계와 의미를 파악하는 데 집중되어 있다. 따라서, 텍스트가 지닌 더 심층적이고 다층적인 의미나 맥락을 제대로 분석하는 데 한계가 있다. 특히, 다차원적 언어적 및 심리적 특성에 기반해 텍스트의 복잡한 의미나 텍스트 내에 드러난 감정, 그리고 문맥적인 차원을 깊이 있게 분석하는 데 한계점이 제시된다.

따라서, 텍스트를 분석하는 데 있어서 단순히 용어의 빈도나 특정 표현의 출현 여부만으로 그 의미를 평가하는 것은 제한적일 수밖에 없다. 류지수 & 전문기(2020a) 및 전문기(2015)의 연구에서 지적된 것처럼, 현재 국내에서 주로 사용되는 빅데이터 분석 기법은 어휘 중심의 분석에 치중하는 경향이 있다. 이러한 방식은 텍스트에 포함된 의미나 심리적 맥락을 포착하는 데 한계가 있으며, 그로 인해 다양한 차원의 분석이 이루어지기 어려운 상황이 도출될 수 있다. 예를 들어, 텍스트에서 나타나는 감정적 요소나 주제에 대한 깊이 있는 이해를 추출하기 위해서는 단순히 키워드나 용어의 빈도수를 넘어서는 분석이 요구된다. 다시 말하면, 빅데이터 기법에 기반한 단순한 어휘 분석에 그치지 않고 더 다층적인 차원에서 텍스트의 언어적 및 심리언어적 특성을 포괄적으로 분석할 수 있는 시스템의 필요성이 대두된다.

이러한 제한점을 극복하기 위한 국내 연구들의 시도에도 불구하고, 아직까지 다층적인 차원에서 텍스트의 특성을 심층적으로 분석하는 데 활용될 수 있는 시스템이 부족한 실정이다. 서구에서는 이미 다양한 유형의 텍스트 자료를 분석하는 데 효과적으로 활용될 수 있는 빅데이터 분석 시스템들이 개발되었다(Graesser et al., 2004; Graesser et al., 2008; Lightman et al., 2007). 미국 멤피스대학교의 지능형시스템연구소(Institute for Intelligent Systems, IIS)는 웹기반 영어 빅데이터 분석 소프트웨어인 Coh-Metrix 시스템을 개발하였다. 이 시스템은 컴퓨터과학, 전산언어학, 언어학, 심리언어학 등 다양한 학문 분야의 융합적 연구를 통해 개발되었으며, 주된 개발 목표는 어휘 기반 분석을 포함, 다양한 차원의 텍스트 분석을 가능하게 하는 것이다. Coh-Metrix 시스템은 텍스트의 통사적 복잡성, 의미적 정합성, 참조적 정합성, 어휘 다양성, 어휘 특성, 어휘 빈도, 접속 부사, 대명사, 내용어, 표준 읽기 가독성 지표 등을 종합적으로 고려하여 텍스트를 다층적으로 분석하는 데 초점을 맞추고 있다. 이 시스템의 가장 큰 장점은 텍스트의 어휘적, 통사적, 담화적 및 의미적 특성, 그리고 다양한 심리언어적 특성을 통합적으로 분석할 수 있다는 점이다. Graesser et al.(2004)과 Jeon(2014)의 연구에서도 Coh-Metrix 시스템의 우수성이 입증되었으며, 이러한 연구들은 단순히 어휘나 중심 키워드만을 분석하는 기존의 방법론에서 벗어나, 텍스트의 심층적 차원까지 분석할 수 있는 새로운 방법론적 패러다임을 제시하였다.

이와 유사하게, 최근 전문기(2016)는 영어 빅데이터 텍스트를 다층적으로 분석할 수 있는 또 다른 시스템인 TEES(Text & Essay Evaluation System) 시스템을 개발하였다. TEES 시스템은 다양한 영어 텍스트를 언어적, 심리언어적 측정치를 통해 분석하며, 이를 통해 텍스트의 다차원적 특성을 평가할 수 있는 객관적인 기준을 제공한다. 특히, TEES 시스템은 표준화된 준거(standardized norm)를 기반으로 한 별도의 표준화된 측정치 값을 제공함으로써, 빅데이터 텍스트 자료를 보다 객관적이고 신뢰성 있게 평가할 수 있는 장점을 가진다. 이 시스템은 특히 에세이 평가 등과 같은 교육 분야 및 학습자의 언어 능력을 향상시키는 데 효과적인 도구로 활용될 수 있다.

현재 국내에는 TEES나 Coh-Metrix 시스템과 같이 한국어 빅데이터 텍스트를 다층적으로 분석할 수 있는 시스템이 부족한 상태다. 한국어는 영어와는 다른 특성을 지니고 있어, 영어 기반의 시스템을 그대로 적용하는 데에는 한계가 존재할 수밖에 없다. 예를 들어, 한국어에서는 조사와 어미 변화를 통해 문법적 관계가 표시되기 때문에, 단순한 어휘 분석만으로는 문장의 정확한 의미를 파악하기 어려운 경우가 많다. 또한, 한국어에서는 다양한 유형의 어미를 통해 존댓말과 반말의 구분이 명확하게 제시된다. 이러한 특성들은 더 정교하고 세밀한 다층적인 분석을 요구한다.

따라서 한국어 빅데이터의 특성을 다층적으로 분석할 수 있는 시스템의 필요성은 매우 크다. 이러한 시스템은 어휘에 기반한 텍스트의 분석을 포함, 다양한 유형의 언어 및 심리언어적 특성에 기반한 분석에 유용하게 활용될 수 있다. 결론적으로, 한국어 빅데이터의 특성을 다차원적 언어적 특성에 기반해 보다 정확하고 신뢰성 있게 분석하는 데 적용될 수 있는 시스템 개발의 필요성에 의해 DEUS(Data Evaluation Unified System) 시스템이 개발되었으며, 건국대학교 뇌언어공학연구실에서 개발한 이 DEUS 시스템이 향후 한국어 기반 빅데이터 분석의 새로운 방법론적 패러다임을 여는 중요한 전환점이 될 것으로 기대한다.

1.3. DEUS(Data Evaluation Unified System) 시스템 개발 배경

건국대학교 뇌언어공학연구실에서 개발한 DEUS 시스템은 한국어로된 방대한 양의 빅데이터 텍스트를 다양한 관점과 층위에서 다차원적으로 분석하는 데 활용될 수 있는, 매우 유용하고 강력한 기능을 갖춘 언어분석 시스템이다. 이 시스템은 전산언어학(computational linguistics), 컴퓨터과학(computer science), 인지심리학(cognitive psychology), 인지과학(cognitive science), 통계학(statistics), 언어학(linguistics), 언어심리학(language psychology), 심리언어학(psycholinguistics) 등 다양한 학문 분야에서 제안된 최신 이론들과 컴퓨터 알고리즘들에 기반하여, 텍스트로부터 광범위한 유형의 언어적 및 심리언어적 특성들을 자동으로 산출할 수 있도록 설계되었다. 이를 통해 DEUS 시스템은 어휘의 빈도나 키워드 출현율을 계산하는 기존의 분석 방식을 포함, 보다 정교하고 통합적인 수준에서 한국어 텍스트의 의미, 구조, 정합성, 정서적 특성 등을 분석할 수 있는 고차원적인 분석도구로 기능한다. 이러한 DEUS 시스템은 다음과 같은 세 가지 주요 필요성과 배경에 따라 개발되었다.

첫째, 현재 국내에서 이루어지고 있는 대부분의 한국어 빅데이터 분석 연구들은(이수안 외, 2019; 이종호, 허선영 & 장후은, 2020; 임준성, 유세복 & 김양수, 2020; 전성해, 2020; 최갑용, 2021) 주로 데이터 마이닝 기법을 활용하거나 특정 키워드, 표현, 어휘의 빈도 분석에 집중하고 있다. 이러한 어휘 중심의 분석은 데이터에 대한 기초적인 통계 정보는 제공할 수 있지만, 텍스트의 전반적인 의미 구조나 인지적 및 정서적 특성을 분석하는 데 적용하기에는 제한점이 있다. 이에 반해 DEUS 시스템은 Graesser et al.(2007)과 Jeon(2014) 등의 연구에서 제시된 언어처리 기술에 기반하여, 단순한 어휘 빈도 및 텍스트 표층 수준 분석을 포함, 참조 정합성, 텍스트의 통사 구조, 대명사, 접속부사, 내용어, 한국어 어휘 등급, 기능어, 정서분석, 심성어휘지표 분석 등 광범위한 언어적 및 심리언어적 측정치를 자동으로 산출할 수 있도록 고안되었다.

둘째, 한국어로 작성된 방대한 텍스트 데이터를 다층적 차원에서 분석할 수 있는 시스템이 현재까지 매우 제한적이라는 점도 DEUS 개발의 또 다른 배경이다. 예를 들어, 최근 건국대학교 뇌언어공학연구실에서 개발되어 한국어 분석에 활용되고 있는 Auto-Kohesion 시스템(류지수 & 전문기, 2020a)은 한국어 텍스트의 정합성과 관련된 일부 지표를 측정할 수 있는 도구로 기능하고 있지만, 분석할 수 있는 지표의 종류가 제한적이며, 동시에 처리할 수 있는 데이터의 양도 제한적이다. 따라서 Auto-Kohesion 시스템은 대규모 데이터를 대상으로 다차원적인 분석을 시도하기에는 현실적인 제약이 존재한다. DEUS 시스템은 이러한 기존 분석 도구들의 한계를 극복할 수 있는 새로운 방법론적 대안으로써 한국어 빅데이터 텍스트를 보다 정밀하고 통합적으로 분석하는 데 기여할 수 있을 것으로 기대한다.

셋째, 기존의 빅데이터 분석 기법 및 컴퓨터 프로그램들(워드 클라우드, 콘코던스 분석 등)이 사용자의 접근성과 편의성 측면에서 분산적으로 운영되고 있다는 점 또한 문제로 지적된다. 예컨대, 사용자가 텍스트를 분석하고자 할 경우, 어떤 텍스트 자료는 워드클라우드 분석을 진행해야 하고, 다른 텍스트 자료는 콘코던스 분석을 수행해야 하고, 또 다른 텍스트 분석은 특정 정서 어휘에 대한 빈도 분석을 실행해야 한다. 다시 말하면, 그 사용 목적에 따라서 각기 다른 프로그램을 별도로 실행하고 조합해야 하는 번거로움이 존재한다. 이러한 작업은 시간과 노력을 증가시키며, 데이터의 통합적 분석을 지연시킬 수 있다. DEUS 시스템은 이러한 문제를 해결하기 위해, 텍스트의 언어적 및 심리언어적 특성 분석, 워드클라우드 분석, 콘코던스 분석, 분석 결과의 저장 및 검색 기능 등을 하나의 통합된 웹 기반 플랫폼 안에서 모두 처리할 수 있도록 개발되었다. DEUS 시스템을 통해 사용자는 보다 효율적이고 통합적인 환경 속에서 복잡한 분석을 신속하고 정확하게 수행할 수 있다.

요컨대, DEUS 시스템은 기존 분석 시스템들이 내재한 기능적 한계를 보완하고, 한국어 빅데이터를 대상으로 한 정교한 다차원적 언어 분석의 새로운 패러다임을 제시한다는 점에서 큰 의의를 갖는다. 특히 데이터 기반 언어 연구, 언어 기반 인공지능 학습 모델 개발, 교육용 텍스트 설계, 정서 및 인지 평가 등 다양한 실용적 영역에 활용될 수 있는 매우 유용한 도구로 자리매김할 수 있을 것으로 기대한다.

2. DEUS 프로그램에 기반한 텍스트 난이도 측정

컴퓨터를 활용한 텍스트 난이도 측정은 텍스트에 내재된 어휘적, 문장적, 구조적 특성을 정량적으로 분석함으로써 해당 텍스트가 독자에게 얼마나 이해하기 쉬운지를 자동으로 평가하는 방식이다. 구체적으로, 어휘 수준에서는 난이도 측정을 위해 단어의 난이도, 어휘 다양도, 품사 비율, 단어 길이, 한자어 비율, 지시어 및 접속어 사용 여부 등을 종합적으로 분석한다. 예를 들어, 윤영선(1975)과 윤창욱(2006), 이지혜(2009) 등의 연구에 따르면, 쉬운 단어의 비율이나 서로 다른 단어의 비율, 다음절 단어의 비율, 그리고 인칭대명사나 접속 부사의 사용 여부 등이 텍스트가 요구하는 인지적 부담과 직결된다. 김장식(2011), 백재파(2011), 장미경(2012) 등은 한국어교육 현장에서 이를 보다 체계화하여 수준별 어휘 목록, 어려운 단어의 수, 단어의 난이도 등을 바탕으로 텍스트의 난이도를 평가하였다.

문장 수준에서는 문장 길이, 문장별 평균 어절 수, 단문의 비율, 문장 구조의 복잡성 등이 텍스트의 난이도를 측정하는 데 있어서 핵심적인 지표로 작용한다. 서혁 외(2013)와 신정록(2013)은 문장의 구문 구조와 복잡도, 문장 길이와 같은 요소들이 텍스트 이해도에 결정적으로 영향을 미친다고 보았다. 예컨대, 종속절이 여러 개 포함된 문장이나 다수의 접속 부사로 연결된 복문은 독자의 문장이해 처리에 요구되는 작업기억의 용량을 더 많이 차지하게 되어, 결과적으로 텍스트 이해의 난이도를 가중시키는 데 기여할 수 있다. 또한, 텍스트 전체를 구성하는 구조적 특성, 전체 문장의 수로 산출되는 텍스트의 길이, 응집성(coherence)과 일관성, 문단 간 통일성과 같은 텍스트의 상위 구조, 다시 말하면 텍스트 수준에서의 측정치 역시 난이도에 중요한 영향을 미친다. 예를 들면, 신정록(2013)과 최소영 외(2024)는 이독성을 논의하면서 텍스트 요인 중 물리적 특성(텍스트 길이, 텍스트 구조)과 응집성, 통일성 등 의미적 연결 요소가 텍스트의 난이도에 영향을 미칠 수 있음을 제시하였다.

하지만 선행연구에서 제시된 이러한 정량적인 난이도 측정 방식은 명확한 한계도 가지고 있다. 가장 큰 문제는 정성적인 의미 해석이나 화용적 맥락, 독자 배경에 대한 고려가 부족하다는 점이다. 예를 들어, 같은 단어라도 특정 문맥에서는 쉬운 의미로, 또 다른 문맥에서는 은유적 및 추상적으로 사용되어 텍스트의 난도를 증가시킬 수 있다. 그러나 현재 대부분의 자동 분석 시스템은 이러한 맥락 의존적 의미 차이를 반영하지 못하고 단순 빈도나 길이 같은 텍스트의 표층적 지표 산출에 의존한다. 또한 텍스트에 담긴 암시, 유머, 문화적 맥락 등은 최근의 텍스트 처리 기술 발전에도 불구하고 아직까지 정량적으로 환산하기 어렵기 때문에 현실적으로 컴퓨터가 이러한 요소들을 자동으로 측정하는 데 구조적인 한계가 존재한다. 문장 구조나 단어 수준에서 복잡도를 판단하는 알고리즘 역시, 실제 독자가 지각하는 난이도와는 차이가 있을 수 있다. 여기에 더해, 분석에 사용하는 어휘 수준 목록이나 텍스트 데이터가 특정 분야(교과 교육, 한국어 교육 등)에 한정되어 있기 때문에 일반 문학, 뉴스, 또는 SNS 등 다양한 장르의 텍스트 분석에 일반화하여 적용하기 어렵다는 점도 문제로 제시된다. 더욱이, 현재의 대부분의 시스템은 독자 및 이해자 요인(배경지식, 읽기 목적 등)을 고려하지 않기 때문에, 동일한 텍스트도 독자에 따라 전혀 다른 난이도로 지각될 수 있는 상황을 반영하지 못한다.

전술한 바와 같이 현재의 컴퓨터과학 및 전산언어학적 수준을 고려할 때, 이러한 정성적 요인들을 측정하는 데 한계가 있고, DEUS 시스템 또한 이러한 제한점을 내재하고 있다. 그럼에도 불구하고 기존의 텍스트 분석 시스템들이 드러낸 여러 한계점과 문제점을 극복할 수 있는 대안을 제시한 점에서 DEUS 시스템 개발의 의의점을 찾을 수 있다. 기존의 텍스트 분석 도구들은 주로 텍스트 표층 수준의 분석(어휘 빈도, 문장 길이 등)에 머물러 있고, 이로 인해 한국어 텍스트의 다층적인 의미 구조나 심리언어학적 특성을 분석하는 데 적용하기에는 한계가 있었다. DEUS 시스템이 다양한 유형의 다차원적 언어 및 심리언어적 지표(참조 정합성, 접속 부사, 정서 관련 측정치, 심성어휘지표 등)에 기반해 다양한 유형의 텍스트 자료를 분석하는 데 적용될 수 있다는 점에서 그 의의점을 재확인할 수 있다.

또한 DEUS 시스템은 기존의 분산된 분석 기능들(다차원적 텍스트 분석, 워드클라우드, 콘코던스 분석)을 하나의 웹 기반 시스템 안에 통합함으로써 사용자 접근성과 분석 효율성을 극대화하였다. 이를 통해 DEUS 시스템은 단순한 난이도 분석을 넘어, 텍스트의 전반적인 이해도와 담화 구조, 정서적 특성을 다차원적으로 분석하는 것을 가능하게 한다. 요컨대 DEUS 시스템이 기존 난이도 측정 도구들의 분석 범위와 해석력의 한계를 보완해 보다 정교하고 통합적인 텍스트 이해도 및 난이도 분석을 위한 대안적 시스템으로 유용하게 활용될 수 있을 것으로 기대된다.

제3장

DEUS 프로그램

1. DEUS 프로그램 인터페이스

한국어 텍스트 자료를 다차원적으로 분석 및 평가하는 데 활용할 수 있는 DEUS 프로그램(https://text-analyzer.net/deus)은 현재 시스템 개발에 많이 활용되고 있는 Java 프로그래밍 언어를 기반으로 개발되었으며, 사용자 친화적인 웹 기반 환경에서 누구나 손쉽게 활용할 수 있도록 구현되었다. 이러한 설계 덕분에 DEUS 프로그램은 Microsoft Edge, Google Chrome 등 다양한 웹 브라우저 환경에서 안정적으로 사용할 수 있다. 현재 DEUS 시스템은 웹을 통해 접근할 수 있지만 사용상에 제한이 있다. 현재 DEUS 시스템은 연구 목적으로만 활용될 수 있다. 그리고, 웹에서 구동되기 때문에 크기가 큰 파일을 사용할 경우 서버에 과부하가 발생할 수 있어 제한된 크기의 파일만 사용할 수 있다. 따라서, 용량이 큰 파일의 경우 관리자에게 연락해서 DEUS 시스템을 활용할 수 있다.

〈그림 2〉는 DEUS 프로그램의 메인 화면을 보여준다. 〈그림 2〉에서 볼 수 있듯 DEUS 시스템의 첫 화면에는 DEUS 시스템에 대한 설명이 제시되어 있으며, 우측 상단에는 DEUS 프로그램을 구성하고 있는 세 개의 모듈(Text Analyzer, WordCloud, Concordance)이 제시되어 있다.

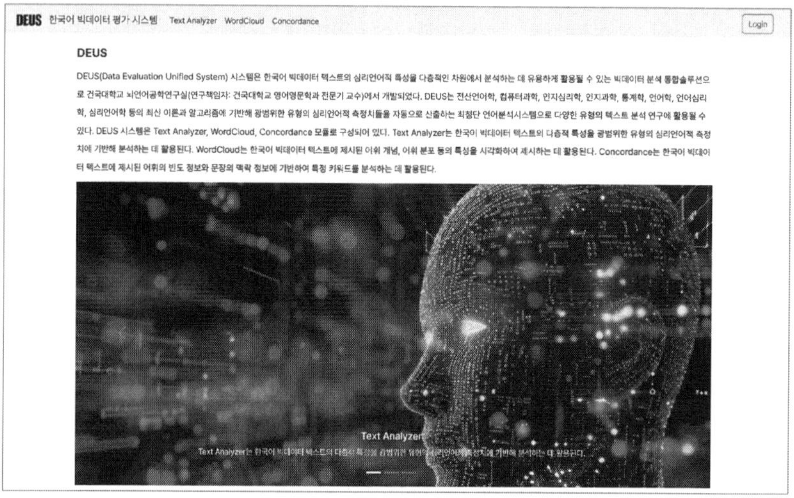

〈그림 2〉 DEUS 시스템 메인 화면

이용자는 각 모듈을 클릭하여 원하는 기능을 선택할 수 있으며, 각 모듈의 세부적인 기능은 다음 장에서 구체적으로 설명한다. 세 가지 모듈은 공통적으로 아래 〈그림 3〉에 제시하였듯 분석 대상인 한국어 텍스트를 프로그램에 업로드하는 섹션, DEUS 프로그램을 통해 분석된 결과를 내려받아 저장하는 섹션과 해당 결과를 웹 브라우저 상에서 즉각적으로 확인할 수 있는 섹션으로 구성되어 있다. 각 섹션에 대한 구체적인 사용 방법은 이 장의 후반부에서 상세히 기술하겠으며, 다음 장에서는 각 모듈의 기능에 대해서 제시한다.

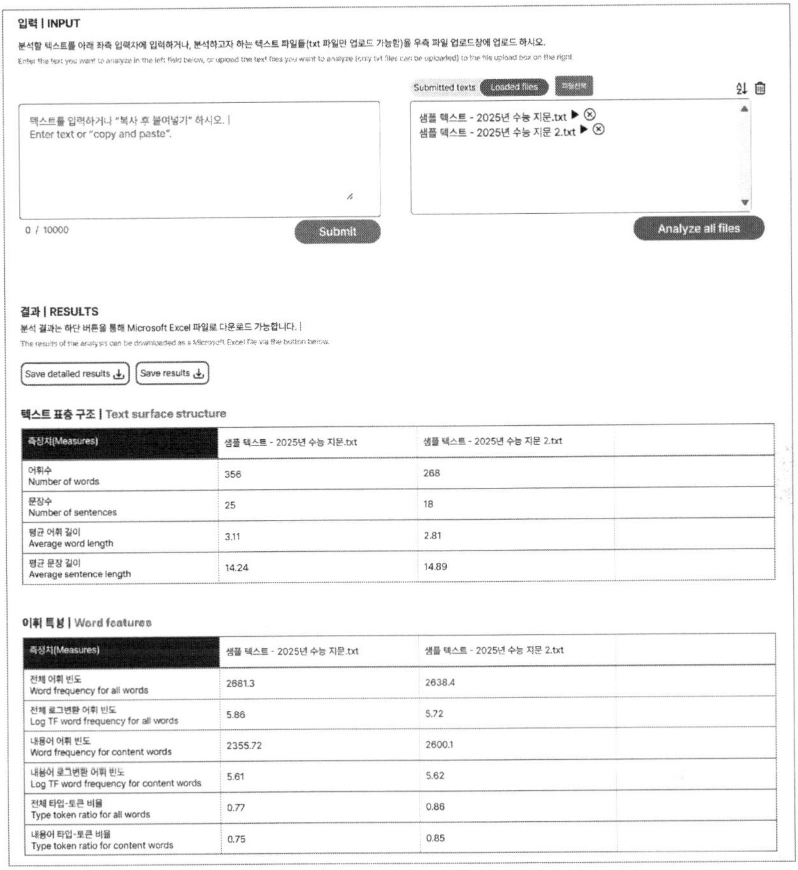

〈그림 3〉 DEUS 시스템 화면 예시_Text Analyzer

2. DEUS 프로그램 기능

DEUS 시스템은 빅데이터를 기반으로 한국어 텍스트를 다차원적으로 분석하기 위해 개발된 통합 분석솔루션이다. DEUS 시스템은 Text Analyzer, WordCloud, Concordance라는 총 3개의 모듈로 구성되어 있다. 각 모듈의 주요 기능에 대해 설명하면 다음과 같다.

2.1. 한국어 빅데이터 텍스트의 다층적 특성 분석

Text Anaylzer 모듈은 텍스트의 난이도에 영향을 미칠 수 있는 다양한 수준에서의 측정치들을 분석하는 데 활용할 수 있다. DEUS 시스템에서 분석할 수 있는 측정치들은 텍스트의 표층 구조뿐만 아니라 개별 어휘적 특성, 통사 구조, 참조 정합성 등을 포함하며, 이는 어휘적 차원, 통사적 차원과 담화적 차원을 아우른다. 따라서 DEUS 시스템은 텍스트를 구성하고 있는 다양한 요소들에 의해 결정되는 텍스트의 난이도를 객관적인 지표로 파악하는 데 유용하게 활용될 수 있다.

DEUS 시스템의 첫 번째 모듈인 Text Analyzer에서는 분석하고자 하는 텍스트를 직접 시스템 내에 입력하거나 유니코드 형식의 텍스트 파일(확장자가 TXT인 파일들)로 저장하여 프로그램에 업로드할 수 있다. 입력 혹은 업로드한 텍스트 파일은 자동화된 분석을 통해 개별 텍스트 혹은 정렬된 모든 텍스트에 대한 측정 지표를 획득할 수 있다.

〈그림 4〉는 분석 결과 인터페이스 중 일부로, DEUS 시스템이 제공하는 광범위한 측정치들을 제시한다. DEUS는 텍스트 표층 구조, 어휘 특성, 참조 정합성, 통사 구조, 대명사, 접속 부사, 내용어, 한국어 어휘 등급, 기능어_사용자 인지, 기능어_사용자_비인지, 정서 측정치, 심성 어휘 지표, 표준 읽기 지표의 범주 하에 총 116개의 지표들에 대한 분석 결과를 수치(numerical value) 형태로 제공한다. 이와 같은 지표들은 텍스트의 난이도를 평가하는 데 활용될 수 있는 지표들로(김장식, 2011; 신정록, 2013; 윤창욱, 2006; Berendes et al., 2018; Biber, 1988; Crossley et al., 2007; Flesch, 1948; Graesser et al., 2004; Graesser & McNamara, 2011; Kincaid et al., 1975; McNamara et al., 2010; McNamara et al., 2014) DEUS 시스템에서 제공하는 측정치들에 대한 자세한 설명은 다음 장에서 기술한다.

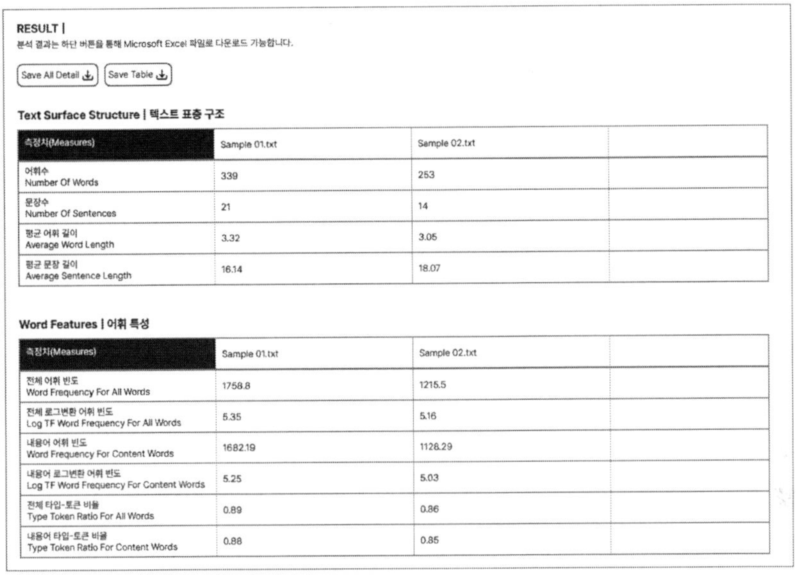
RESULT |
분석 결과는 하단 버튼을 통해 Microsoft Excel 파일로 다운로드 가능합니다.

Save All Detail | Save Table

Text Surface Structure | 텍스트 표층 구조

측정치(Measures)	Sample 01.txt	Sample 02.txt	
어휘수 Number Of Words	339	253	
문장수 Number Of Sentences	21	14	
평균 어휘 길이 Average Word Length	3.32	3.05	
평균 문장 길이 Average Sentence Length	16.14	18.07	

Word Features | 어휘 특성

측정치(Measures)	Sample 01.txt	Sample 02.txt	
전체 어휘 빈도 Word Frequency For All Words	1758.8	1215.5	
전체 로그변환 어휘 빈도 Log TF Word Frequency For All Words	5.35	5.16	
내용어 어휘 빈도 Word Frequency For Content Words	1682.19	1128.29	
내용어 로그변환 어휘 빈도 Log TF Word Frequency For Content Words	5.25	5.03	
전체 타입-토큰 비율 Type Token Ratio For All Words	0.89	0.86	
내용어 타입-토큰 비율 Type Token Ratio For Content Words	0.88	0.85	

〈그림 4〉 Text Analyzer 모듈 분석 결과 인터페이스 (일부)

2.2. 한국어 텍스트의 어휘 분포 시각화

WordCloud 모듈은 사용자가 분석하고자 하는 텍스트에 포함된 단어들의 분포를 분석하여 빈도가 높을수록 더 크게 표시하는 그림을 제공한다. 워드 클라우드는 텍스트 요약을 위해 자주 활용되는 시각화 방식으로, 텍스트 내에 빈도가 높은 단어들을 크게 표현함으로써 직관적으로 텍스트의 주요 키워드를 살펴보는 데에 유용하다(Heimerl et al., 2014). DEUS 시스템에서는 WordCloud 모듈을 통해 사용자가 분석하고자 하는 텍스트를 입력창(INPUT)에 입력하거나 시스템에 업로드하면 자동으로 워드 클라우드가 생성된다.

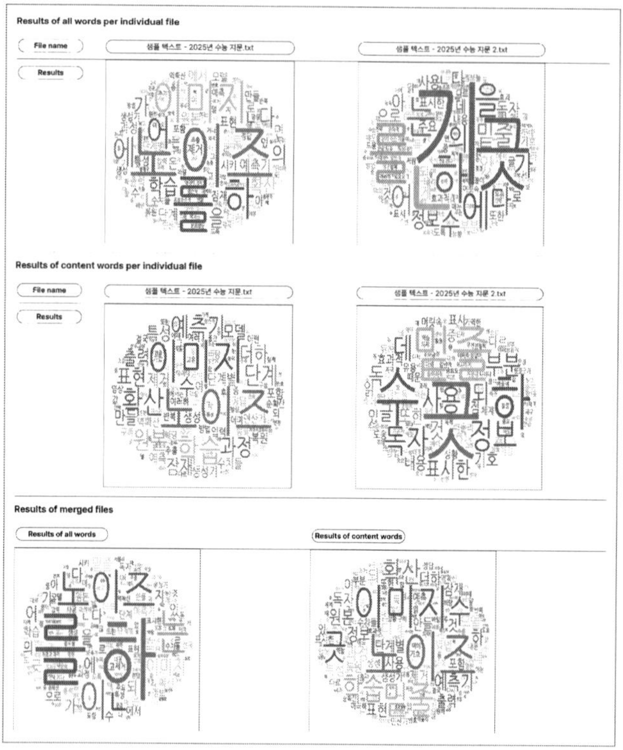

〈그림 5〉 WordCloud 모듈 분석 결과 예시

먼저, 하나의 텍스트에 대해 두 가지 유형의 워드 클라우드 이미지가 생성된다. 〈그림 5〉에 제시된 WordCloud 모듈의 예시를 살펴보면, 상단 탭에는 개별 텍스트에 포함된 전체 어휘를 기반으로 생성된 워드 클라우드가, 가운데 탭에는 내용어만을 대상으로 생성된 워드 클라우드 이미지가 각 텍스트별로 제공되는 것을 확인할 수 있다. 또한, 분석 대상 텍스트가 여러 개인 경우에는 각 개별 텍스트에 대한 워드 클라우드뿐만 아니라, 시스템에 업로드된 모든 텍스트를 병합하여 생성한 통합 워드 클라우드도 함께 제공된다. 하단 탭에 제시된 'Results of merged files' 워드 클라우드는 이와 같은 병합 텍스트에 대한 분석 예시로, 두 텍스트에 포함된 어휘들이 함께 시각화된 모습을 보여준다. 이와 같이 사용자가 업로드한 텍스트를 병합하여 워드 클라우드를 생성할 경우, 집단 텍스트의 전반적인 어휘 특성이나 주요 주제어의 빈도 분포를 파악하는 데 효과적으로 활용될 수 있다. 예를 들어, 책 한 권이 각 장(챕터)이나 절 단위로 분리된 텍스트 파일로 구성되어 있는 경우, 'Results of all/content words per individual file' 탭에서는 각 챕터별 어휘 분포를 살펴볼 수 있고, 'Results of merged files' 탭에서는 해당 책 전체를 아우르는 어휘 사용의 전반적 경향을 한눈에 확인할 수 있다.

2.3. 한국어 텍스트의 키워드 분석

Condordance 모듈에서는 사용자가 분석하고자 하는 텍스트에 포함된 특정 단어나 구문이 텍스트 내에서 등장하는 맥락을 추출하여 해당 단어 혹은 구가 어떻게 사용되는 지를 분석할 수 있다. 이 모듈에서는 사용자가 입력 혹은 업로드한 텍스트를 분석하여 텍스트에 포함된 단어 목록을 구성한 후 각 단어의 출현 빈도를 표 형식으로 제공한다. 그리고 제공된 단어 목록에 제시되어 있는 단어가 어떤 맥락에서 등장했는지를 검색할 수 있다. 이때, 특정 키워드를 기준으로 좌우 음절 수 혹은 어절 수를 조정하여 해당 키워드가 포함된 맥락의 길이 또한 조절할 수 있다. 이와 같은 기능은 특정 단어가 텍스트 내에서 출현하는 빈도를 쉽게 파악할 수 있으며, 특정 키워드의 용례를 앞뒤 문맥을 통해 살펴봄으로써 언어 사용 패턴을 연구하는 데 유용하게 활용될 수 있다.

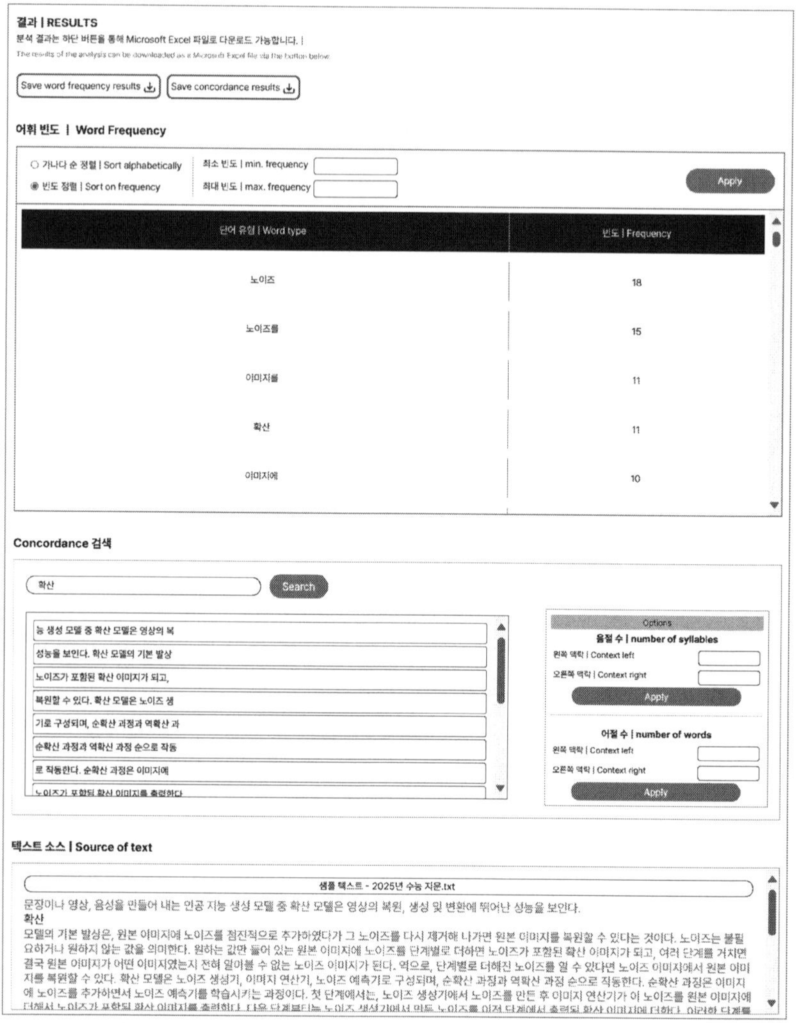

〈그림 6〉 Concordance 모듈 분석 결과 인터페이스 (일부)

DEUS 시스템의 기능을 요약하면 다음과 같다. DEUS 시스템은 3가지의 모듈로 구성되어 있으며, Text Analyzer 모듈에서는 광범위한 측정치들을 통해 한국어 텍스트의 난이도를 어휘, 통사, 담화 수준에서의 광범위한 지표들을 통해 객관적으로 분석하는 데 유용하게 활용될 수 있다. WordCloud 모듈에서는 한국어 텍스트에 포함된 전체 어휘와 기능어에 대한 각각의 빈도를 손쉽게 시각화할 수 있으며, Concordance 모듈에서는 한국어 텍스트의 어휘 목록과 각 어휘의 용례를 문맥을 통해 살펴볼 수 있다.

다음 장에서는 DEUS 시스템에 제공하는 다양한 유형의 측정치에 대해 소개한다. DEUS 시스템이 제공하는 측정치들은 텍스트의 난이도에 영향을 미치는 주요 언어적 속성들과 관련이 깊다. 따라서 DEUS 시스템에서 획득할 수 있는 지표들은 기본적인 텍스트 구성 성분들의 빈도 정보뿐 아니라 여러 수준에서 산출될 수 있는 텍스트 난이도 관련 지표들을 포함함으로써 한국어 텍스트의 난이도를 객관적이고 정밀하게 평가하는 데 활용될 수 있다.

3. DEUS 시스템 측정치

DEUS 시스템은 한국어 텍스트의 특성을 파악하는 데 유용하게 활용될 수 있는 총 116개의 지표를 제공한다. 이들 측정치들은 총 13개의 하위 범주로 분류될 수 있으며, 모든 측정치들은 컴퓨터과학, 코퍼스언어학과 심리언어학적 이론들에 기반한다. DEUS 시스템에서 제공하는 모든 지표들은 아래 〈표 2〉와 같이 범주화될 수 있으며, 다음으로 각각의 측정치에 대해 기술하면 다음과 같다.

〈표 2〉 DEUS에서 제공하는 측정치 목록

범주	측정치
텍스트 표층구조 (Text surface structure)	어휘 수 (Number of words)
	문장 수 (Number of sentences)
	평균 어휘 길이 (Average word length)
	평균 문장 길이 (Average sentence length)
어휘 특성 (Word features)	전체 어휘 빈도 (Word frequency for all words)
	전체 로그변환 어휘 빈도 (Log TF word frequency for all words)
	내용어 어휘 빈도 (Word frequency for content words)
	내용어 로그변환 어휘 빈도 (Log TF word frequency for content words)
	전체 타입-토큰 비율 (Type-token ratio for all words)
	내용어 타입-토큰 비율 (Type-token ratio for content words)
참조 정합성 (Reference cohesion)	인접 문장 간 명사 반복 (Noun overlap for adjacent sentences)
	전체 문장 간 명사 반복 (Noun overlap for all sentences)
통사 구조 (Syntax structure)	수식언 비율 (Ratio of modifiers)
	문장 성분 비율 (Ratio of constituents)
	관형절 비율 (Ratio of relative clauses)
대명사 (Pronoun)	전체 대명사 (All pronouns)
	1인칭 대명사 (First person pronouns)
	2인칭 대명사 (Second person pronouns)
	3인칭 대명사 (Third person pronouns)
접속 부사 (Conjunctive adverbs)	전체 접속 부사 (All conjunctive adverbs)
	인과_결과 (Causal_effect)
	인과_귀결 (Causal_consequence)
	인과_원인 (Causal_cause)
	시간_동시 (Temporal_simultaneity)
	시간_순차 (Temporal_sequence)
	상술_환언 (Expatiation_paraphrase)
	상술_예시 (Expatiation_example)
	상술_첨가_일반 (Expatiation_addition_general)

접속 부사 (Conjunctive adverbs)	상술_첨가_이접 (Expatiation_addition_disjunctive)
	상술_첨가_요약 (Expatiation_addition_summary)
	상술_첨가_대체 (expatiation_addition_substitution)
	상술_강화 (Expatiation_enhancement)
	대립_역접 (Contrastive_inverse)
	대립_양보 (Contrastive_concession)
	대립_예외 (Contrastive_exception)
	대립_중단 (Contrastive_discontinuance)
내용어 (Content words)	명사 (Nouns)
	형용사 (Adjectives)
	부사 (Adverbs)
	동사 (Verbs)
한국어 어휘 등급 (Korea Vocabulary Ratings)	1~6등급 타입 (Grade 1~6 Type)
	1~6등급 토큰 (Grade 1~6 Token)
	1~6등급 타입 비율 (Grade 1~6 Type Ratio)
	1~6등급 토큰 비율 (Grade 1~6 Token Ratio)
기능어_사용자 인지 (Function words _Recognition)	1인칭 대명사 (First person pronouns)
	2인칭 대명사 (Second person pronouns)
	3인칭 대명사 (Third person pronouns)
	사물 (Object)
	장소 (Location)
	시간 (Time)
	영역 (Domain)
	방향 (Direction)
기능어_사용자 비인지 (Function words _Unrecognition)	사람 (Person)
	사물 (Object)
	장소 (Location)
	시간 (Time)
	방법 (Method)
	수량 (Quantity)
	이유 (Reason)

정서 측정치 (Emotion measures)	슬픔/분노/기쁨/중성/흥미/혐오/지루함/놀람/공포/통증 빈도 (Sadness/Anger/Happiness/Neutral/Interest/Disgust/Boredom/Surprise/Fear/Pain Frequency)
	슬픔/분노/기쁨/중성/흥미/혐오/지루함/놀람/공포/통증 감정 강도_평균 (Sadness/Anger/Happiness/Neutral/Interest/Disgust/Boredom/Surprise/Fear/Pain Emotion strength_mean)
	슬픔/분노/기쁨/중성/흥미/혐오/지루함/놀람/공포/통증 감정 강도_표준편차 (Sadness/Anger/Happiness/Neutral/Interest/Disgust/Boredom/Surprise/Fear/Pain Emotion strength_STD)
심성 어휘 지표 (Mental lexicon indices)	평균 반응 시간 (Mean reaction time)
	평균 정확률 (Mean hit rate)
	의미 수 (Number of meanings)
	평균 음절 수 (Number of syllables)
	평균 자모 수 (Number of consonants and vowels)
표준 읽기 지표 (Standard readability indices)	Flesch 읽기 용이 지표 (Flesch Reading Ease)
	Flesch-Kincaid 학년 수준 지표 (Flesch-Kincaid Grade Level)

3.1. 텍스트 표층 구조

텍스트 표층 구조란 텍스트에서 겉으로 드러나는 형태적 특성을 의미하는 것으로, 문장에서 사용된 단어의 길이나 문장의 길이와 같은 지표들이 포함된다. 이에 DEUS 시스템에서는 텍스트 표층 구조를 파악하는 지표로 어휘 수, 문장 수, 평균 어휘 길이, 평균 문장 길이를 제공한다.

어휘 수는 텍스트에 포함된 전체 어휘의 개수를 의미한다. 이때, 어휘는 띄어쓰기를 기준으로 하는 어절이 한 단위로 간주된다. 예를 들어, '나는 오늘 저녁으로 비빔밥을 먹었다.'라는 문장이 입력되었을 때, 해당 문장의 어휘 수는 5(나는, 오늘, 저녁으로, 비빔밥을, 먹었다)로 계산된다. 문장 수는 텍스트 내 포함된 문장의 수를 의미하는 것으로, 문장을 구두점으로 분리하여 하나의 단위로 간주하였다. 다음으로, 평균 어휘 길이는 각 어휘의 길이를 평균한 것을 의미하는 지표로, 텍스트에 포함된 각 어절을 음절의 수로 나눈 것을 평균한 값으로 산출된다. 예를 들어, '나는 오늘 저녁으로 비빔밥을 먹었다.'의 경우 평균 어휘 길이가 산출되는 과정은 아래와 같다.

$$\frac{2(\text{나는})+2(\text{오늘})+4(\text{저녁으로})+4(\text{비빔밥을})+3(\text{먹었다})}{5} \quad 2.33$$

평균 문장 길이는 분석하고자 하는 텍스트 내 각 문장을 구성하고 있는 어휘의 수를 평균한 값으로, 전체 어휘 수를 문장 수로 나누어 산출된다. 이와 같은 텍스트의 표면적인 측정치의 결과는 그 값이 클수록 텍스트의 난이도가 증가함을 의미한다(장채린 & 전문기, 2024b).

3.2. 어휘 특성

어휘 특성은 특정 텍스트에서 사용된 단어들의 속성과 분포를 의미하는 것으로, DEUS 시스템은 그 텍스트를 구성하고 있는 전체 어휘와 내용어에 대한 어휘 빈도와 타입-토큰 비율을 각각 제공한다. 내용어란 명사, 동사, 형용사, 부사를 포함하는 어휘 범주로 문장에서 구체적인 의미를 전달한다. 내용어의 경우 문장의 전체적인 표상을 구축하는 데 있어 실질적인 정보를 포함한다는 점에서 문법적인 관계를 포함하는 기능어(function words / 예 : 조사, 접속 부사, 대명사)와는 대별된다(Fromkin, Rodman, & Hyams, 2020). 이에 문장의 의미를 전달하는 핵심 단어들인 내용어를 선별하는 것은 의미 중심의 텍스트 복잡성을 평가하는 데 중요한 역할을 할 수 있다. 이를 기반으로 각 지표들이 산출되는 방식을 기술하면 다음과 같다.

먼저, 어휘 빈도는 특정 단어가 해당 텍스트에서 얼마나 자주 등장하는지를 나타내는 지표이다. DEUS 시스템에서는 국립국어원에서 2005년에 실시한 '현대 국어 사용 빈도 조사 2'(김한샘, 2005)에서 구축한 데이터베이스에 기반한다. 국립국어원 '현대 국어 사용 빈도 조사2'는 약 300만 어절의 어휘 분석 말뭉치를 분석하여 자모, 음절, 일반 어휘, 조사, 어미, 어절 구성, 구(phrase) 등의 빈도를 조사한 대규모 한국어 빈도 데이터베이스이다. 이를 기반으로 전체 어휘 빈도 측정치는 텍스트에 포함된 개별 어휘들의 빈도값을 평균한 값을 가리킨다. 로그 변환 어휘 빈도의 경우, 각 어휘의 빈도 원 값(raw data)에 대해 로그값을 취하여 변환된 값을 평균하여 산출된다. 자연어에서 상위 몇 개의 단어는 매우 자주 등장하지만, 나머지 대부분의 단어는 매우 드물게 등장하는 불균형적인 분포를 지니고 있다(Zipf, 1935; Zipf, 1949). 각 어휘의 빈도값을 자연로그(e)를 밑으로 하는 로그함수로 변환할 경우 빈도 데이터의 분포를 정규분포와 근사하게 변환되기 때문에 통계 분석에 더욱 적합하다(류지수 & 전문기, 2020b; Graesser et al., 2004).

다음으로, 타입-토큰 비율은 타입을 토큰으로 나눈 값으로, 분석하고자 하는 텍스트의 어휘적 다양성을 나타내는 지표이다. 타입(type)이란 주어진 글에 처음 등장한 어휘(unique words)를 의미하며, 토큰(token)은 주어진 글에 사용된 모든 개별 단어(individual words)의 수를 가리킨다. 따라서 개별 어휘에 대한 타입은 항상 1이 되는 반면 텍스트 내에 포함된 어휘들의 토큰 값은 출현 빈도에 따라 다양한 값을 가질 수 있다. 이를 기반으로 하였을 때, 타입-토큰의 비율이 높다는 것은 한 단어가 반복 없이 사용되었음을 의미하며, 이는 곧 어휘적 다양성이 높다는 것을 의미한다. 이는 곧 일반적으로 텍스트에 동일 어휘 반복이 덜 발생할 경우 더 많은 어휘에 대한 정보를 처리해야 한다는 것을 함의한다. 따라서 텍스트 이해와 관련된 인지 자원이 더 많이 소요될 가능성이 높아지기 때문에(Baddeley & Hitch, 1974; Baddeley, 1992) 텍스트의 전체적인 이해 난도가 증가할 수 있다.

3.3. 참조 정합성

정합성(cohesion)이란 텍스트를 구성하고 있는 성분들의 언어적 연결(linguistic linking)을 의미하는 것으로, 텍스트에서 명시적으로 나타나는 언어학적 요소들에 의해 실현된다(Graesser, Singer, & Trabasso, 1994; Graesser et al., 2007; Halliday & Hasan, 1976). 다양한 유형의 텍스트 정합성 중 참조 정합성(reference cohesion)은 텍스트 내에 포함된 한 요소(element)가 다른 요소를 지칭할 때 형성되는 정합적인 관계를 가리킨다(Halliday & Hasan, 1976). DEUS 시스템에서는 참조 정합성이 실현된 정도를 파악하기 위해 인접 문장 간 명사 반복 측정치와 전체 문장 간 명사 반복 측정치를 제공한다. 이는 특정 문장 내에 포함된 명사가 다른 문장에서 반복적으로 출현할 때 텍스트의 정합성이 증진된다는 것에 기반하고 있다(Graesser, McNamara, & Louwerse, 2003).

먼저, 인접 문장 간 명사 반복 측정치는 반복되어 사용되는 어휘를 포함하고 있는 서로 인접된 문장 쌍들의 수를 그 텍스트에 포함된 인접하는 전체 문장 쌍들의 수로 나눈 평균값을 의미한다. 전체 문장 간 명사 반복은 반복되는 어휘를 포함하고 있는 인접 문장 쌍들의 수를 그 텍스트에 포함된 전체 문장 쌍들의 수로 나눈 평균으로 산출된다. 예를 들어, '나는 오늘 밥을 먹었다. 그리고 내일 밥을 먹을 것이다. 어제는 그러지 않았다.' 라는 텍스트가 입력으로 주어졌다고 가정해보자. 이 경우, '밥'이라는 어휘가 반복된 인접 문장쌍의 수는 1이며, 서로 인접한 전체 문장 쌍의 개수는 2이다. 그리고 문장에 포함된 전체 문장 쌍들의 수는 3이다. 따라서 인접 문장 간 명사 반복은 '밥'이라는 어휘가 반복되는 인접 문장쌍의 개수인 1을 서로 인접한 문장 쌍의 개수인 2로 나눈 0.5가 산출되며, 전체 문장 간 명사 반복은 '밥'이라는 어휘가 반복되는 인접 문장쌍의 개수인 1을 텍스트에 포함된 전체 문장 쌍들의 수인 3으로 나누어 0.333이 산출된다.

다음으로, 전체 문장 간 명사 반복 측정치는 텍스트 내에서 동일한 명사를 포함하고 있는 문장 쌍의 수를 전체 문장 쌍의 수로 나눈 평균값을 의미한다. 인접 문장 간 명사 반복 측정치가 바로 앞뒤 문장 간의 동일 명사 반복 여부를 기준으로 산출되어 국지적(local) 수준에서의 의미 연결 정도를 보여주는 반면, 전체 문장 간 명사 반복 측정치는 문서 전체의 문장 쌍을 고려함으로써, 글 전반에 걸쳐 주제가 얼마나 일관되게 유지되고 있는지를 평가할 수 있는 지표로 활용될 수 있다. 예를 들어, 텍스트의 첫 번째 문장과 네 번째 문장에서 동일한 명사가 반복되는 경우, 인접 문장 분석에서는 포착되지 않지만, 전체 문장 쌍 분석에서는 이러한 반복이 텍스트의 전역적(global) 응집성을 구성하는 단서로 작용할 수 있다. 실제로 텍스트는 이야기의 흐름, 정보 배열 등의 영향으로 인해 동일 어휘가 인접 문장에서 반복되지 않고, 중간에 다른 문장이 개입되는 경우가 빈번하다. 따라서 인접 문장 간 명사 반복과 전체 문장 간 명사 반복은 서로 보완적인 관계에 있으며, 이 두 측정치를 함께 활용함으로써 텍스트의 국지적 및 전역적 수준에서의 응집성을 보다 정교하게 파악할 수 있다.

3.4. 통사 구조

DEUS 시스템에서는 텍스트에 포함된 문장들의 통사적 복잡성을 분석하는 데 활용할 수 있는 수식언 비율, 문장 성분 비율, 관형절 비율 측정치를 제공한다. 자연어에서 문장은 단순한 단어의 배열이 아니라 일정한 규칙에 따라 구성 성분들이 조직된 체계이다. 즉, 통사 구조를 분석하는 것은 문장에서 단어들이 배열되거나 연결되어 있는 구조를 파악하는 과정이다. 문장의 구조는 인간 언어의 특징인 창조성(productivity)으로 인해 수식언과 관계사절을 활용하여 무한히 확장될 수 있다(Chomsky, 1957). 그러나 통사 구조가 복잡하면 점층적으로 전개되는 문장의 구조를 형성하고 유지하고 의미를 통합하는 데 더 많은 인지 자원이 요구되기 때문에 처리 난도가 상승한다(Baddeley & Hitch, 1974)는 점에서 통사 구조는 텍스트의 난이도에 영향을 미치는 주요 요인이라 할 수 있다.

통사 구조 범주에서 제공되는 첫 번째 지표인 수식언 비율은 텍스트에 포함된 전체 어휘 중 수식언인 형용사와 부사에 해당하는 단어의 비율을 의미한다. 예를 들어, '나는 맛있는 밥을 맛있게 먹었다.'라는 문장이 입력으로 주어졌을 때, 수식언에 해당하는 어휘는 '맛있는'과 '맛있게'로 2개이다. 따라서 수식언 비율은 수식언의 개수를 전체 어휘의 개수(5)로 나누어 0.4로 계산된다.

다음으로, 문장 성분 비율은 각 문장별로 개별 어휘의 상위 구조에 있는 문장 구성 성분의 개수를 평균화한 값을 의미한다. 각 문장의 구조는 문장 구조를 시각적으로 표현하는 데 보편적으로 활용되는 수형도(tree diagram)를 통해 쉽게 파악할 수 있다. 예를 들어, 문장 '나는 맛있는 밥을 먹었다.'의 수형도는 아래 〈그림 7〉와 같다.

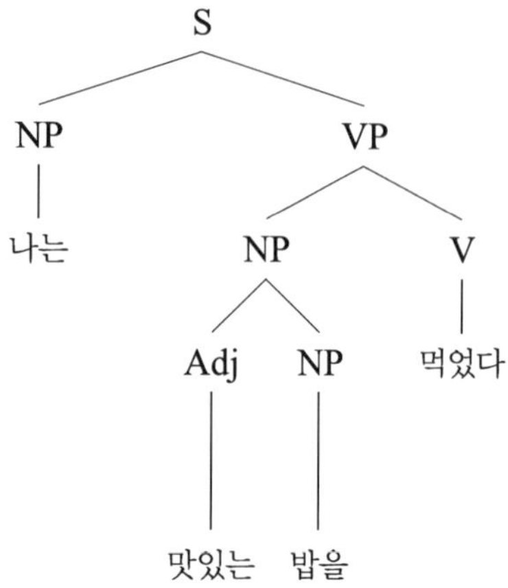

〈그림 7〉 예시 문장(나는 맛있는 밥을 먹었다.)에 대한 수형도

개별 어휘의 상위 구조에 있는 문장 구성 성분은 쉽게 말해 수형도의 각 가지(branches)가 모여 형성되는 가지의 끝인 마디(node)의 수로 간주된다. 위 〈그림 7〉에서 '맛있는 밥을'의 경우 형용사('맛있는')과 명사구('밥을')이 모여 명사구를 형성하며, '맛있는'과 '밥을'은 각각 '맛있는 밥을'의 하위 구성 성분에 해당한다. 따라서 문장 '나는 맛있는 밥을 먹었다.'의 문장 성분 비율은 마디의 수인 3을 문장을 이루는 어휘의 수인 4로 나눈 0.75로 산출된다. 이에 기반하여 문장 성분 비율은 해당 텍스트에 포함된 모든 문장의 문장 성분 비율을 산출하여 평균화한 값으로 제공된다. 통사적으로 복잡한 문장은 매 단어마다 상위 문장 구성 성분이 존재할 가능성이 높기 때문에(Graesser et al., 2004) 문장 성분 비율이 높을수록 텍스트의 난도가 높다고 할 수 있다.

통사 구조 범주에 포함된 마지막 측정치인 관형절 비율은 관형절의 수식을 받는 어휘의 비율을 가리킨다. 관형절은 문장에서 명사를 수식하는 역할을 하는 절을 의미하는 것으로, 문장 '나는 맛있는 밥을 먹었다.'의 경우 '맛있는'이 해당된다. DEUS 시스템에서 제공하는 관형절 비율은 관형절이 포함된 문장의 수를 텍스트를 구성하고 있는 전체 문장의 수로 나눈 값으로 정의한다. 예컨대, '어제 내가 먹었던 맛있는 밥을 먹었다.'의 경우 '어제 내가 먹었던 밥'이라는 관형절 1개가 존재한다. 이를 텍스트에 포함된 전체 문장의 개수가 4개라고 가정하면, 관형절 비율은 1을 4로 나눈 0.25로 산출된다.

3.5. 대명사

대명사(pronoun)는 특정한 대상의 이름을 대신하여 그를 직접적으로 가리키는 체언을 의미한다(나찬연, 2009). 대명사는 동어 반복을 피하거나 텍스트의 정합성(cohesion)을 향상시키기 위해 사용되는 것으로, 독자는 대명사가 지시하는 선행어(antecedent)를 정확히 파악해야 텍스트의 의미를 온전히 이해할 수 있다. 대명사가 적절하게 사용될 경우 같은 명사를 반복하지 않고 자연스럽게 문장을 이어주는 역할을 하기 때문에 텍스트의 정합성이 상승한다. 그러나 대명사의 지시 관계를 해결하는 것은 이전에 언급된 선행어에 대한 정보를 기억해야 하기 때문에 인지적 자원이 소모된다(Ericsson & Kintsch, 1995). 따라서 대명사의 빈도가 과도하게 높을 경우 독자는 지시 관계를 추론하기 위해 더 많은 인지적 자원을 소모해야 하기 때문에 텍스트의 난도가 높아질 수 있다. 따라서 텍스트 내 대명사의 유형과 빈도를 분석하는 것은 텍스트 난이도를 평가하는 데 유의미한 지표로 활용될 수 있다.

이에 DEUS 시스템은 대명사의 유형별 상대 빈도(relative frequency)를 산출한다. 다시 말하면, 100개 어휘 당 텍스트에 포함된 대명사의 수를 계산한다. 예를 들면, 1인칭 대명사가 1,000개 어휘로 구성된 텍스트에 10번 사용되었을 때 DEUS가 산출하는 대명사 측정치(x)는 "1,000 : 10 =

100 : x" 수식에 의해 계산된다. DEUS 시스템은 인칭에 따른 대명사군별 및 전체 대명사에 대한 상대 빈도를 산출한다. 전체 대명사 측정치는 텍스트 내 전체 대명사 상대 빈도를 가리킨다. 1인칭 대명사 측정치는 '나', '우리' 등 1인칭 대명사가 전체 텍스트에서 차지하는 상대 빈도를 의미하며, 2인칭('너', '당신')과 3인칭('그', '그녀') 대명사 측정치도 동일한 방식으로 계산된다.

3.6. 접속 부사

선행하는 텍스트에 다음 문장을 결합시키는 역할을 수행하는 접속 부사는 텍스트 내 문장 간 연결성을 강화하여 텍스트의 정합성을 높인다는 점에서 텍스트의 난이도를 결정하는 데 영향을 미치는 요소이다. 적절한 접속 부사는 선행문과 후행문 간의 연결을 매끄럽게 하여 독자의 이해를 높이고 텍스트의 전체 표상이 보다 용이하게 구축될 수 있도록 기여한다(Chaudron & Richards, 1986; Degand & Sanders, 2002; Sanders & Noordman, 2000). 그러나 접속 부사의 유형에 따라 텍스트 이해도는 달라진다는 선행 연구 또한 보고된 바(Caron, Micko, & Thüring, 1988; Goldman & Murray, 1992; Ozono & Ito, 2003), DEUS 시스템은 한국어 접속 부사의 유형과 기능에 대해 기술한 서반석(2018)에서 분류에 기반하여, 각 의미별 접속 부사의 빈도를 산출하여 제공한다.

서반석(2018)의 분류에 따라 한국어 접속 부사를 의미에 따라 분류하면 크게 인과, 시간, 상술, 대립으로 나눌 수 있다. 인과 접속 부사는 사건의 원인에 해당하는 선행문과 사건의 결과에 해당하는 후행문을 연결하는 접속 부사이며, 시간 접속 부사는 선행문과 후행문이 시간의 흐름을 반영할 때 각각의 시간적 위치를 나타낸다. 상술 접속 부사는 선행문의 내용을 보강하는 정보가 후행문으로 등장할 때 사용되며, 대립 접속 부사는 선행문과 후행문의 내용이 의미적으로 상반될 때 사용된다. 의미에 따른 접속 부사의 분류 체계 및 해당 범주에 속하는 접속 부사들은 아래 〈표 3〉에 제시하였다. 이와 같은 분류 체계를 기반으로 DEUS 시스템은 접속 부사에 대한 상대 빈도(어휘 100개당 출현 비율)를 산출하여 제공한다.

〈표 3〉 유형별 접속 부사 목록

의미		접속 부사
인과	결과	그래서, 그러니, 그러니까, 그러면, 그러므로, 그렇다면, 따라서
	귀결	결국
	원인	왜냐하면
시간	동시	그러면서, 그동안, 순간, 이때/그때
	순차	그러다가, 그러더니, 그러자, 이리하여/그리하여, 이후, 급기야
상술	환언	말하자면, 즉, 그러니까
	예시	가령, 예컨대, 이를테면
	첨가-일반	또, 또한, 아울러, 그리고
	첨가-이접	또는, 혹은, 아니면
	첨가-요약	요컨대
	첨가-대체	대신
	강화	도리어, 오히려, 게다가, 더구나, 더군다나, 더욱이, 심지어, 특히, 하물며
대립	역접	그러나, 그런데, 그렇지만, 반면, 하지만
	양보	그래도, 그러면서(도). 그런데도
	예외	다만, 단
	중단	그나저나, 그러나저러나, 그러면, 그런데, 그렇다면, '아무튼' 류, 한편

출처 서반석(2018)

3.7. 내용어

앞서 기술한 바와 같이 내용어는 텍스트에서 핵심적인 개념이나 사건 등에 대한 의미를 직접적으로 전달하는 단어들로 문법적인 기능을 하는 기능어와는 대조된다. 한 텍스트에 포함된 내용어가 많다는 것은 일반적으로 의미적인 정보량이 많다는 것을 의미하며, 정보량은 텍스트의 난이도를 결정짓는 질적 요인 중 하나이다(최소영 외, 2021; 최소영 외, 2024; Katz, 1996). 이에 DEUS 시스템은 내용어에 해당하는 품사인 명사, 형용사, 부사, 동사에 대한 상대 빈도 측정치를 제공한다.

3.8. 한국어 어휘 등급

텍스트에 포함된 어휘의 난이도는 텍스트 전반을 이해하는 데에 영향을 미친다는 것이 심리언어학적 연구를 통해 입증되었다(Kintsch & Van Dijk, 1978; Klare, 1984; Perfetti, 2007; Perfetti & Stafura, 2014; Schmitt, Jiang, & Grabe, 2011; Stahl & Jacobson, 1986). 개별 어휘의 난이도와 텍스트의 처리 난이도를 검증한 연구들은 공통적으로 어려운 단어는 텍스트 읽기의 흐름을 방해하고 문맥 전체의 이해에 부정적인 영향을 미친다는 것을 시사하였다.

이에 DEUS 시스템에서는 텍스트를 구성하고 있는 개별 어휘들의 난이도를 국립국어원이 시행한 '2017년 국제 통용 한국어 표준 교육과정 적용 연구'에서 제시한 어휘 등급 체계에 근거하여 각 등급별 어휘 분포를 정량적인 지표로 제공한다. '2017년 국제 통용 한국어 표준 교육과정 적용 연구'는 한국어의 어휘(조사, 전성어미, 선어말어미, 연결어미, 종결어미, 표현)를 난이도에 따라 총 6등급으로 분류하였으며, DEUS 시스템은 이를 기반으로 각 등급에 해당하는 어휘의 타입과 토큰의 빈도 수와 전체 어휘 중 각 등급별 어휘의 타입/토큰이 차지하는 비율을 산출하여 제공한다.

3.9. 기능어_사용자 인지/비인지

DEUS 시스템에서는 신현숙(1999)에서 논의된 한국어 지시어 범주를 기반으로 한국어 지시어를 발화자가 알고 있는 내용을 가리키는 지시어와 발화자가 모르고 있는 내용을 가리키는 지시어로 나누어 각각의 측정치를 제공한다. 지시어는 기능어를 구성하는 하위 범주 중 하나로 '말이나 글 속에서 사람, 사물, 장소, 사건, 상태, 방향 등을 가리키거나 꾸미는 기능을 하는 단어'를 의미한다(신현숙, 1999). 다시 말해, 지시어는 문장에서 다른 대상이나 내용을 가리키는 말로, 독자는 문맥을 통해 해당 대상이 무엇인지를 유추해야 한다. 대명사는 앞서 언급된 대상을 대신하여 나타내는 말이나 지시어는 화자의 시점을 기준으로 시간, 장소, 사물 등을 가리키는 말이다. 또한, 지시어는 명사 뿐 아니라 '이러한'과 같은 지시 형용사와 '언제'와 같은 지시 부사를 포함하고 있다.

이와 같은 신현숙(1999)의 분류에 근거하여 기능어_사용자_인지/기능어_사용자_비인지 범주에서는 각각 언어 사용자가 해당 내용이 무엇인지 알고 있는 상태에서 그 대상을 지칭하는 지시어에 대한 측정치와 모르고 있는 상태에서 그 대상을 지칭하는 지시어에 대한 측정치를 산출하여 제공한다. 각 항목에 속하는 하위 범주와 구체적인 어휘 항목은 아래 〈표 4〉와 같으며, DEUS 시스템에서는 분석하고자 하는 텍스트에 포함된 어휘 중 각 하위 범주에 속하는 어휘의 개수를 산출하여 제공한다.

〈표 4〉 유형별 기능어 어휘 목록

측정 항목	범주	어휘 항목
기능어_사용자_인지	사람	나, 내, 저, 제, 우리, 저희, 그대, 당신, 댁, 너, 네, 임자, 자네, 그대들, 당신들, 너희(들), 그분, 이분, 저분, 당신, 그, 그녀, 그이, 이이, 저이, 그애, 이애, 저애, 걔, 얘, 쟤, 그놈, 이놈, 저놈, 그자, 이자, 저자, 그네들, 그들, 이들, 본인, 스스로, 자기, 자기자신, 자신, 남, 어르신, 어르신네
	사물	그것, 이것, 저것, 그거, 이거, 저거
	장소	거기, 여기, 저기, 그곳, 이곳, 저곳
	시간	그때, 이때, 입때, 접때
	영역	그러한, 이러한, 저러한, 그런, 이런, 저런, 그렇게, 이렇게, 저렇게
	방향	그리, 이리, 저리
기능어_사용자_비인지	사람	누구
	사물	무슨, 무엇, 뭐, 어느
	장소	어디
	시간	언제
	방법	어떻게
	수량	몇, 얼마
	이유	왜

출처 신현숙(1999)

3.10. 정서 측정치

다양한 어휘 중 일부는 사람의 감정, 기분, 정서 상태를 표현하거나 유발하는 의미를 가진 단어들에 해당한다. 이와 같이 감정적 함의를 지닌 단어나 특정 감정 반응을 직접적으로 지시하는 단어들은 정서 어휘(emotional word)라 지칭되며(Abbassi et al., 2015; Niedenthal, Rohmann, & Dalle, 2003), 각 정서 어휘들은 심리학에서 분류된 특정 감정 범주(예: 기쁨, 슬픔, 분노)와 연관된다. 최근 텍스트에 포함된 정서 어휘들은 텍스트 이해에 영향을 미치는 지에 대한 연구가 활발히 이루어지고 있으며, 일부 학자들은 각성가가 높은 정서 어휘는 독자의 주의를 유도하여 텍스트 전체의 상황 모형을 구축하는 데 기여한다고 설명한다(Hsu et al., 2015; Gernsbacher, Goldsmith, & Robertson, 1992). 텍스트 이해도 뿐 아니라 개별 어휘들의 정서 측정치는 텍스트 전체의 정서가를 평가하는 데에도 유용하며, 텍스트 감성 분석이나 기계 학습을 통한 텍스트 분류 등 광범위한 분야에 활용될 수 있다.

이에 DEUS 시스템에서는 손선주 외(2012)의 연구에서 수집된 한국어 감정 표현 단어 목록과 각 어휘가 해당하는 범주 그리고 개별 어휘의 정서적 강도 데이터를 기반으로 이용자가 분석하고자 하는 텍스트에 포함된 범주별 감정 표현 단어의 빈도, 정서적 강도의 평균값과 표준편차 값을 제공한다. 손선주 외(2012)는 총 504개의 한국어 감정 표현 어휘들을 Ekman(1971)이 정의한 여섯 가지의 기본 감정(기쁨, 슬픔, 공포, 분노, 혐오, 놀람)과 HCI에서 활용도가 높은 세 가지 감정(흥미, 지루함, 통증)과 중립 정서로 각각 분류하여 80명을 대상으로 개별 어휘의 정서 범주와 강도를 측정하였다. 이를 따라 DEUS에서는 10개의 감정 범주에 대하여 각 범주에 속하는 어휘의 수와 정서적 강도 측정치(평균과 표준편차)를 분석하여 제공한다.

3.11. 심성 어휘 지표

심성 어휘집(mental lexicon)은 사람들이 언어를 쓸 때 사용하는 장기기억 속 사전을 의미한다(Kellogg, 2015). 심성 어휘집에는 각 단어의 의미, 형태 정보, 통사적 정보뿐 아니라 단어에 대한 접근 속도와 빈도도 내재되어 있다.

이에 DEUS 시스템에서는 분석하고자 하는 텍스트를 구성하고 있는 개별 어휘가 얼마나 빠르고 정확하게 접근되는 지를 나타내는 지표로 각 단어에 대한 반응 시간과 정확률의 평균을 산출하여 제공한다. 이광오 외(2017)에서는 52명의 한국어 모국어 화자를 대상으로 개별 어휘를 얼마나 단어로 빠르게 판단하는 지에 대한 반응 시간과 정확도를 수집하였다. 개별 어휘에 대한 반응 시간과 정확률은 이광오 외(2017)가 수집한 데이터베이스에 근거하여 산출된다.

다음으로, 의미 수는 개별 단어가 가지고 있는 의미의 수를 평균하여 산출한 값이다. 하나의 어휘는 여러 가지 의미를 지닐 수 있다. 다의어(polysemous word)는 하나의 단어가 서로 관련이 있는 다양한 의미를 지니는 어휘를 말한다. 예를 들어, '머리'라는 단어는 '머리가 아프다'의 용례에서처럼 사람의 신체 부위를 의미할 수도 있으나 '줄의 머리에 서다'라는 용례에서 알 수 있듯 위치의 시작점을 의미하기도 한다. 그리고 동음이의어(homonym)는 형태(발음 혹은 철자)는 같으나 서로 다른 둘 이상의 의미를 가지는 단어를 의미한다. 예를 들어, '말'이라는 단어는 동물을 의미할 수도 있으며 사람이 하는 언어를 의미할 수도 있다. 다중 접근 모델(multiple access model)에 따르면 둘 이상의 의미를 지니는 중의적인 단어를 처리할 때에는 모든 가능한 의미가 동시에 활성화되고, 문맥에 가장 적합한 의미가 선택된다(Conrad, 1974; Onifer & Swinney, 1981; Swinney, 1979). 따라서 이 경우 여러 의미 중 문맥에 부합하는 의미를 선택하기 위해 독자는 추가적인 인지적 노력을 더 기울여야 하므로 텍스트 이해가 어려워질 수 있다.

뿐만 아니라 개별 어휘에 접근하는 속도는 어휘를 구성하고 있는 속성의 복잡도에 의해서도 영향을 받는다. 이에 DEUS 시스템은 개별 어휘가 가지고 있는 음절의 수와 자음·모음의 수를 산출하고 어휘의 수로 나눈 값을 각각 제공한다. 개별 어휘의 음절이 많거나 자모 배열이 복잡할 경우 해당 단어를 인식하는 데에는 더 오랜 시간이 걸리며(Chang, Plaut, &

Perfetti, 2016; Pelli et al., 2006; Rastle & Coltheart, 1998; Rey et al., 1998), 작업 기억의 구성 요소 중 하나인 음운 루프(phonological loop)에 부담을 주기 때문에 인지적 자원이 더 소모된다. 이는 곧 개별 어휘를 처리하는 데에 시간이 더 오래 걸리거나 작업 기억에 더 많은 인지적 부담이 발생하므로 텍스트 이해를 더 어렵게 하는 요인이 될 수 있다.

3.12. 표준 읽기 지표

텍스트의 난이도는 두 개의 텍스트 가독성 지표 측정치를 통해 하나의 수치화된 데이터로 평가될 수도 있다. 텍스트 읽기 이해도와 난이도를 측정하기 위해 심리언어학 및 교육학 분야 등에서 광범위하기 활용되는 지표로는 Flesch Reading Ease(FRE) 점수가 있다(Graesser et al., 2004; Graesser et al., 2007). FRE 점수는 평균 문장 길이와 평균 음절 수에 기반하여(Klare, 1974-1975) 아래와 같은 공식을 통해 산출되며(Graesser et al., 2004), DEUS 시스템은 이용자가 분석하고자 하는 텍스트에 대한 FRE 점수를 자동으로 산출하여 제공한다.

FRE 점수 = 206.835 - (1.015 * 평균 문장 길이) - (84.6 * 평균 음절 수)

FRE 값의 범위는 0에서 100으로, 이해하기 어려운 텍스트는 낮은 FRE 점수를 나타내는 반면 이해하기 쉬운 텍스트는 높은 FRE 점수를 가진다.

DEUS 시스템이 제공하는 또다른 텍스트 가독성 지표 측정치는 Flesch-Kincaid Grade Level(FKGL) 점수로, FKGL는 FRE와 마찬가지로 다양한 분야에서 가독성을 평가하기 위해 널리 활용되는 지표이다.

FKGL 점수는 FRE와 대략적으로 유사하나 아래와 같은 변형된 공식에 의해 산출된다(Graesser et al., 2004).

FKGL = (0.396 * 평균 문장 길이) + (11.8 * 평균 음절 수) - 15.59

FKGL도 FRE와 마찬가지로 평균 문장 길이와 평균 음절 수에 의해 산출되지만(Klare, 1974-1975), 그 값의 범위에는 차이가 있다. FKGL 점수는 0에서 12 사이의 점수로 제시되는데, 이는 미국 초중고 학년등급(총 12학년 등급)을 나타낸다. 예를 들어, FKGL 점수가 5라면 그 텍스트 이해 수준은 미국 5학년에 해당된다고 볼 수 있다. 따라서 FRE와는 상반되게 이해하기 어려운 텍스트의 FKGL 점수는 높고 이해하기 쉬운 텍스트의 FKGL 점수는 낮다.

4. DEUS 프로그램 사용하기

DEUS 시스템은 다양한 유형의 한국어 텍스트 자료를 분석하는 데 유용하게 활용될 수 있다. 이 장에서는 DEUS 시스템을 사용하는 방법에 대해서 간략히 서술한다. 구체적으로 텍스트 파일의 불러오기, 텍스트 자료의 분석 수행, 분석 결과의 저장 절차에 대해서 설명한다. DEUS 시스템을 구성하고 있는 Text Analyzer, WordCloud, Concordance는 서로 다른 분석 결과를 제공하나 텍스트 자료를 입력하거나 가져오는 방식과 분석을 수행하고 그 결과를 저장하는 절차는 유사하게 구성되어 있다. DEUS 시스템은 누구나 손쉽게 한국어 텍스트에 대한 분석치를 얻을 수 있게 제작되어 직관적인 인터페이스로 구축되어 있다.

4.1. 텍스트 파일 입력하기

DEUS 시스템을 활용하여 한국어 텍스트를 분석하기 위해서는 먼저 분석하고자 하는 텍스트를 시스템으로 가져오는 과정이 필요하다. DEUS 시스템을 구성하고 있는 세 모듈에서는 공통적으로 분석하고자 하는 텍스트를 직접 입력하거나 TXT 확장자로 구성된 텍스트를 시스템에 불러오는 방식으로 손쉽게 텍스트를 가져올 수 있다. 아래 〈그림 8〉은 세 모듈에서 공통적으로 사용되는 인터페이스로, 분석할 텍스트를 시스템에 입력하는 인터페이스를 보여준다. 시스템 내에서 직접 텍스트를 입력할 때에는 공백(띄어쓰기)을 포함하여 최대 10,000음절의 텍스트를 입력할 수 있다. 텍스트 입력 창 아래에는 현재 입력된 텍스트의 음절 수가 즉각적으로 계산되어 제시된다. DEUS 프로그램에 이용자가 직접 텍스트를 입력해 분석을 할 경우에는 입력된 텍스트는 오른쪽 'Typed Text' 섹션에 임의의 문자열 형식으로 이름이 변환되어 차례로 나열된다. 반면, 이용자의 PC에 저장된 텍스트 파일을 프로그램에 업로드할 때에는 'Loaded File' 버튼을 누르면 활성화되는 '파일 선택' 버튼을 통해 여러 개의 텍스트 파일을 업로드할 수 있다. 프로그램에 업로드된 텍스트는 'Loaded File' 섹션에 리스트 형식으로 나열된다(〈그림 8〉 – Sample 01.txt / Sample 02.txt).

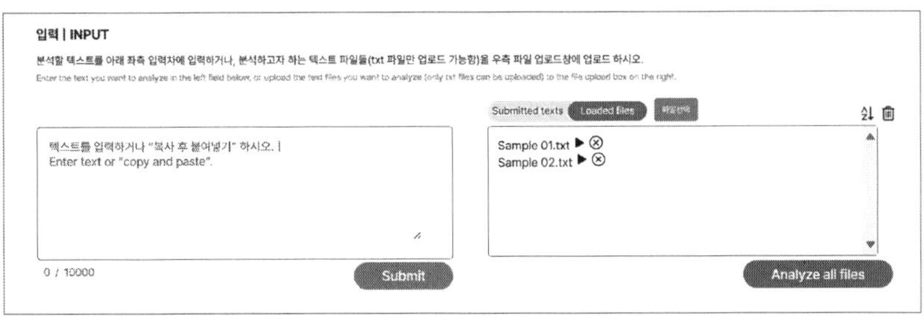

〈그림 8〉 DEUS 시스템 내 텍스트 파일 업로드

프로그램에 입력 혹은 업로드된 파일은 모두 INPUT 섹션을 구성하고 있는 두 개의 창 중 오른쪽 창에서 관리된다. 만약 프로그램에 저장된 텍스트를 목록에서 삭제하고 싶을 경우 개별 텍스트 파일 옆의 'X' 아이콘을 통해 삭제할 수 있다. 입력 혹은 업로드된 파일 목록은 우측 상단의 정렬 버튼(↓)을 통해 오름차순으로 정렬할 수 있으며, 분석이 완료된 파일은 해당 버튼 오른쪽에 위치한 휴지통 아이콘을 통해 일괄적으로 삭제할 수 있도록 구성되어 있다.

4.2. 텍스트 자료 분석하기

텍스트를 직접 입력한 경우 분석하고자 하는 텍스트를 모두 입력한 후 아래 'Submit' 버튼을 누르면 분석이 완료된다. 분석이 완료되면 오른쪽 인터페이스에 해당 텍스트의 이름이 임의의 문자열로 변환된 형태로 나타나며, 텍스트의 이름 옆에 위치한 '▶'을 누르면 텍스트 자동 분석이 시작된다. TXT 파일 형태로 저장된 텍스트를 분석하고자 할 경우, 'Loaded File'을 누른 후 활성화되는 '파일 선택' 버튼을 통해 텍스트 파일들을 업로드할 수 있다. 이때, 여러 개의 파일을 동시에 업로드할 수 있으며, 업로드한 파일을 한꺼번에 분석하고자 할 때에는 아래 'Run All Files' 버튼을 통해 업로드한 모든 파일들에 대한 분석 결과를 얻을 수 있다. 여러 개의 파일이 업로드되었을 때에도 개별 텍스트에 대한 분석을 하나씩 수행할 수도 있으며, 이 경우 텍스트를 시스템 내에 직접 입력한 경우와 마찬가지로 텍스트 파일 이름 옆에 위치한 '▶'을 눌러 텍스트 분석 결과를 얻을 수 있다.

Concordance 모듈에서 제공되는 분석 결과는 '어휘 빈도(Word Frequency)', 'Concordance 검색'과 텍스트 소스(Source of text) 섹션에 각각

제공된다. 먼저, '어휘 빈도(Word frequency)' 섹션에서 제공되는 분석 결과 화면은 아래 〈그림 9〉와 같다.

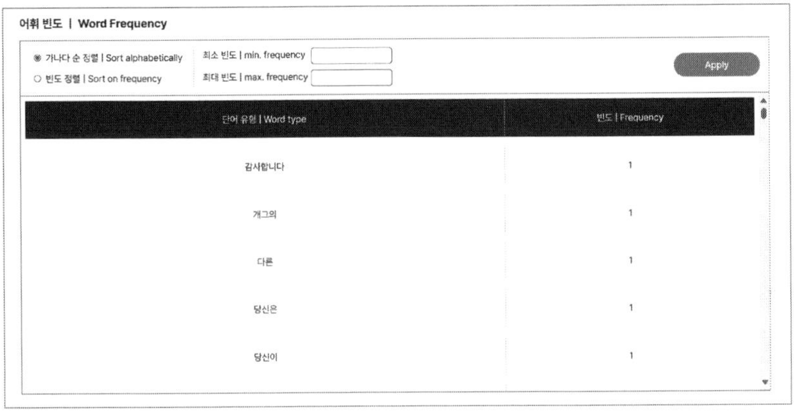

〈그림 9〉 Concordance 모듈 내 어휘 빈도(Word frequency) 섹션 분석 결과 예시

Concordance 모듈의 '어휘 빈도(Word Frequency)' 섹션에서는 좌측 상단에 위치한 Apply 버튼을 통해 텍스트에 포함된 모든 단어를 한글 자모순 혹은 빈도순으로 정렬할 수 있다. 사용자가 원하는 정렬 방식을 선택하면 해당 기준에 따라 단어 목록이 재정렬되며, 기본 정렬 방식은 한글 자모순이다. 본 섹션에서는 단어의 출현 빈도를 기준으로 특정 범위에 해당하는 단어를 필터링하는 기능도 제공된다. 사용자는 필터링하고자 하는 빈도 범위의 최소값과 최대값을 각 입력란에 지정한 후 'Apply' 버튼을 클릭하여 설정 조건에 부합하는 단어 목록만을 화면에 표시할 수 있다.

다음으로 Concordance 모듈을 구성하고 있는 'Concordance 검색' 섹션에서는 특정 단어가 포함된 문맥을 선별할 수 있다. 아래 〈그림 10〉은 Concordance 검색을 통해 특정 단어를 검색하였을 때 분석 결과와 해당 텍스트가 포함된 텍스트 소스 출력에 해당한다.

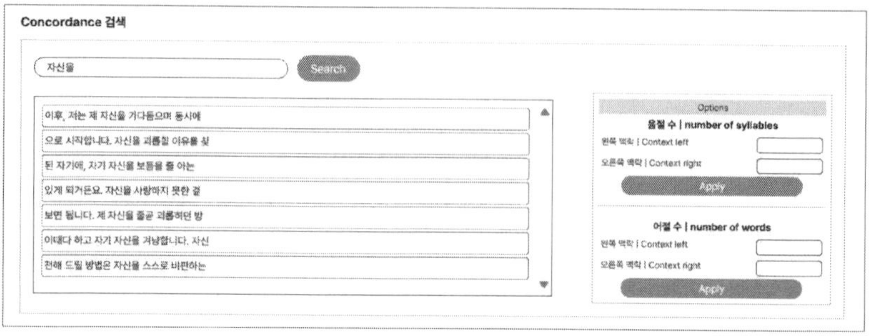

〈그림 10〉 Concordance 모듈 내 Concordance 검색 섹션 출력 결과 예시

사용자는 입력 혹은 업로드한 텍스트에 대한 분석이 완료되면 어휘 빈도(Word frequency) 섹션을 참고하거나 사용자가 주로 분석하고자 하는 단어를 직접 빈 칸에 입력하여 해당 단어가 출현한 문맥을 'Search' 버튼을 통해 필터링할 수 있다. 이때, 좌측에 제공된 Options 영역에서는 사용자가 지정한 단어가 포함된 문맥의 범위를 지정할 수 있다. Options 영역의 상단에서는 해당 단어가 포함된 문맥의 좌우 음절 수를 조정할 수 있으며, 기본값은 10이다. 사용자는 필터링하고자 하는 문맥의 음절 수를 직접 입력하여 'Apply' 버튼을 통해 그를 적용할 수 있다. 이와 마찬가지로 Options 영역의 하단에서는 사용자가 원하는 문맥의 길이를 어절 단위로 조정할 수 있으며, 기본값은 3으로 지정되어 있다.

Concordance 검색 결과 아래에 위치한 '텍스트 소스(Source of text)' 섹션은 사용자가 선택한 어휘가 원문 텍스트 내 어디에 위치하는지를 그대로 보여주는 기능을 한다. 예를 들어, 검색된 첫 번째 어휘 연속체를 클릭하면, 텍스트 소스 섹션에는 아래 〈그림 11〉과 같이 원문 텍스트가 표시되면서 해당 어휘가 실제 문맥 속에서 강조되어 나타난다. 이를 통해 사용자는 검색된 어휘가 어떤 전후 맥락에서 사용되었는지를 직관적으로 확인할 수 있다.

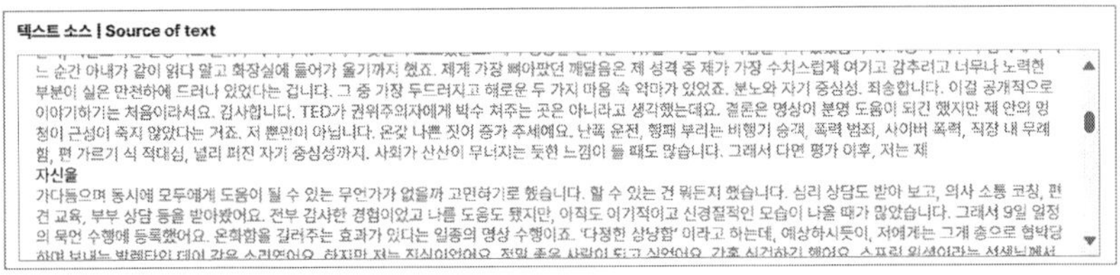

〈그림 11〉 Concordance 모듈 내 텍스트 소스(Source of text) 섹션 출력 결과 예시

4.3. 텍스트 자료 분석 결과 저장하기

4.3.1. Text Anaylzer

DEUS 시스템을 활용하여 텍스트 파일을 분석한 결과를 컴퓨터 하드 디스크 공간 내에 저장하는 방법은 다음과 같다. 분석한 결과를 저장하기 위해서는 이용하는 버튼은 〈그림 12〉에 제시된 것과 같이 텍스트를 입력하는 인터페이스 하단에 위치한 'Result' 인터페이스에 포함되어 있다. 이 버튼을 클릭하면 시스템에 업로드된 텍스트 파일 전체에 대한 분석 결과가 자동으로 이용자 컴퓨터의 '다운로드' 폴더에 다운로드된다.

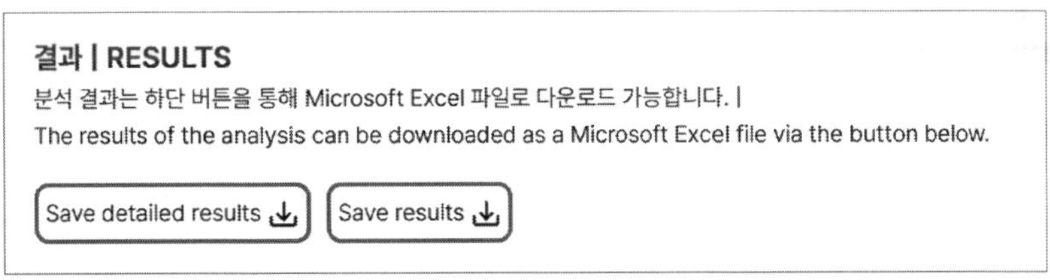

〈그림 12〉 Text Analyzer 모듈 내 결과 파일 다운로드 버튼

DEUS 프로그램은 사용자가 수행한 분석 결과를 Microsoft Excel 형식의 두 가지 결과 파일로 제공한다. 이에 사용자는 특정 텍스트의 난이도를 비롯한 언어적 특성을 비교하거나 여러 텍스트를 비교하는 등의 후

속 분석을 효율적으로 수행할 수 있으며, 추가적인 필터링, 정렬 혹은 시각화 작업이 용이하다. DEUS 프로그램이 제공하는 결과 파일 중 첫번째는 'Save detailed results' 버튼을 통해 다운로드할 수 있는 결과 파일이다. 이를 통해 다운로드할 수 있는 데이터 파일의 예시는 아래 〈그림 13〉과 같다. 이 파일은 DEUS 프로그램이 분석한 다양한 언어적 요소들을 항목별로 구분하여, 각각 별도의 시트에 상세히 제시하고 있다. 이를 통해 이용자는 특정 분석 결과가 어떠한 세부 단어에 기인하는 지를 확인할 수 있으며, 사용자가 업로드한 모든 텍스트 내에서 각 요소가 어떻게 분포하고 있는지를 단어 및 형태소 수준에서 보다 면밀하게 파악할 수 있다. 예를 들어, 아래 〈그림 13〉에 제시된 샘플 결과는 텍스트에 포함된 타입-토큰 비율을 분석한 세부 결과로 텍스트에 포함된 각 단어별 타입-토큰 비율을 확인할 수 있다. 이와 같은 세부 결과는 전체 측정값이 특정 단어 혹은 구문에 의해 어떻게 형성되었는지를 추적하는 데 유용하게 활용될 수 있으며, 수작업으로 분석하기 어려운 언어 요소들을 자동으로 추출함으로써 정성적 텍스트 분석의 효율성을 제고할 수 있다.

word	type	typeTokenRatio
고개	NNG	1
못되	VA	1
변기	NNG	0.25
권위주의적	MAG	1
단어이긴	NNG	1
일정	NNG	1
줄곧	MAG	1
강좌	NNG	1
진행	NNG	1
않	VX	0.11
해결	NNG	1
그리	VV	0.2
상냥	XR	1
부르	VV	0.33
짜	VV	1
갈	VV	1
으로서의	NNG	1
있	VV	0.11
엔	NNG	0.25
충	NNG	1
진상	NNG	1
평가계	NNG	1
문제	NNG	1
치	VV	0.33
있	VX	0.07
괴롭히	VV	0.5
공포	NNG	1

〈그림 13〉 Text Analyzer 모듈 내 세부 분석 결과 출력 파일 예시

다음으로, 'Save results' 버튼을 통해 다운로드되는 파일은 각 분석 대상 파일에 대한 측정치 값을 정리한 표 형식의 결과 파일이다. 이 파일은 아래 〈그림 14〉와 같이 DEUS 프로그램이 제공하는 다양한 측정 지표들을 하나의 시트에 병합하여 나열하고 있다. 이와 같은 결과 파일은 텍스트 파일의 분석 결과가 표 형태로 일괄적으로 제시되기 때문에 텍스트 간 수치 비교 및 통계 처리에 적합하다 할 수 있다.

측정치(Me	number_of	number_of	average_w	average_se	word_frequ	log_tf_wor	word_frequ	log_tf_wor	type_token	type_token	noun_over	noun_over	Ratio of m	Ratio of cc	Ratio of re	all_pronou
1-Korean.t	1416	170	2.85	8.33	1236.79	5.22	997.13	5.07	0.81	0.83	0.17	0.07	0.1	0.79	0.04	4.38
2-Korean.t	1334	126	2.9	10.59	1472.95	5.47	1141.66	5.28	0.74	0.75	0.4	0.23	0.09	0.84	0.05	4.41
3-Korean.t	2094	305	3.14	6.87	1483.34	5.67	1157.99	5.5	0.68	0.71	0.27	0.09	0.1	0.77	0.04	3.96
4-Korean.t	938	122	2.92	7.69	1642.48	5.5	1279.3	5.29	0.8	0.82	0.14	0.08	0.08	0.76	0.04	6.18
5-Korean.t	1843	208	3.06	8.86	1270.09	5.39	971	5.23	0.75	0.78	0.26	0.1	0.09	0.82	0.04	4.4

〈그림 14〉 Text Analyzer 모듈 내 전체 텍스트 출력 파일 예시

4.3.2. WordCloud

먼저, 사용자는 워드 클라우드를 생성한 각 텍스트에 대하여 'Save detailed results' 버튼을 통해 워드 클라우드를 생성하기 위해 활용된 어휘 빈도 테이블을 다운로드받을 수 있다. DEUS 시스템은 사용자가 업로드한 텍스트를 자동으로 분석하여 각 형태소 및 어휘 단위의 출현 빈도를 추출한다. 아래 〈그림 15〉는 'Save detailed results' 버튼을 눌렀을 때 이용자의 컴퓨터에 다운로드되는 엑셀 파일의 예시이다. 다운로드한 파일에는 전체 어휘와 기능어 각각에 대한 어휘 빈도 테이블이 포함되어 있으며, 〈그림 15〉의 좌측은 전체 어휘에 대한 어휘 빈도 테이블 예이며, 우측은 기능어에 대한 어휘 빈도 테이블에 해당한다.

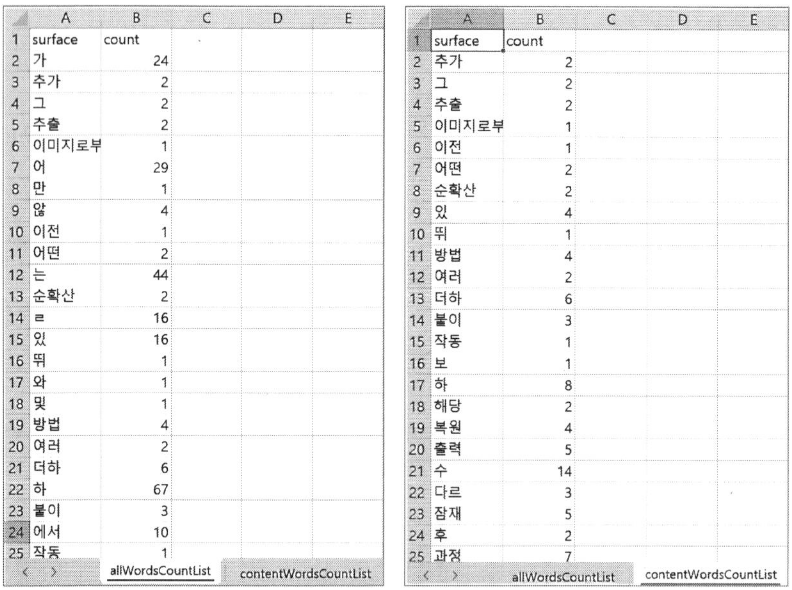

allWordsCountList

surface	count
가	24
추가	2
그	2
추출	2
이미지로부	1
어	29
만	1
않	4
이전	1
어떤	2
는	44
순확산	2
ㄹ	16
있	16
뛰	1
와	1
및	1
방법	4
여러	2
더하	6
하	67
붙이	3
에서	10
작동	1

contentWordsCountList

surface	count
추가	2
그	2
추출	2
이미지로부	1
이전	1
어떤	2
순확산	2
있	4
뛰	1
방법	4
여러	2
더하	6
붙이	3
작동	1
보	1
하	8
해당	2
복원	4
출력	5
수	14
다르	3
잠재	5
후	2
과정	7

〈그림 15〉 WordCloud 모듈 내 세부 분석 결과 출력 파일 예시

이러한 어휘 빈도 테이블은 각 텍스트에 포함된 주요 어휘와 그 사용

빈도를 정량적으로 파악할 수 있는 기초 자료로 활용될 수 있으며, 워드 클라우드 시각화 결과에 대한 근거 데이터를 제공한다.

다음으로, 'Save results' 버튼을 통해 DEUS 시스템 인터페이스에서 생성된 워드 클라우드 이미지를 PNG 형식으로 다운로드할 수 있다. 이때 분석 대상 텍스트가 여러 개인 경우, 'Save results' 버튼을 클릭하면 각 텍스트에 대한 워드 클라우드 이미지가 개별 파일로 자동 저장되어 한 번에 일괄 다운로드된다. 또한, 텍스트가 여러 개일 경우에는 개별 텍스트의 전체 어휘 및 기능어 워드 클라우드뿐만 아니라, 병합된 텍스트에 대한 통합 워드 클라우드 이미지도 함께 제공된다.

4.3.3. Concordance

이 모듈에서 사용자는 〈그림 16〉에서 제시된 것처럼 'Save word frequency results' 버튼을 통해 어휘 출현 목록을 다운로드받을 수 있다. (아래 그림 16에 제시된 결과 파일 예시는 빈도 수 정렬을 적용한 상태에서 추출된 파인에 해당한다.)

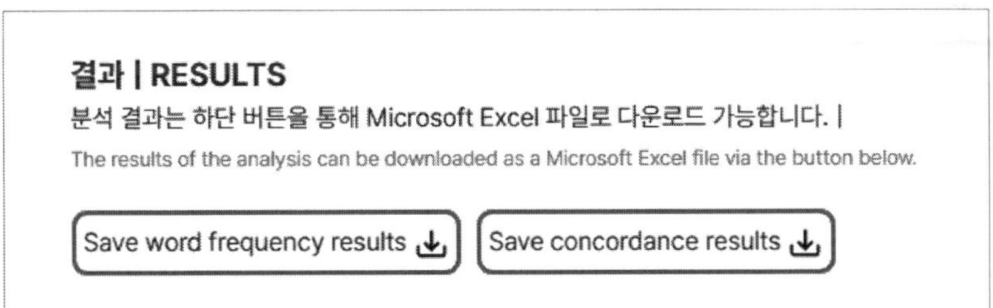

surface	count
노이즈	18
노이즈를	15
이미지를	11
확산	11
이미지에	10
원본	8
노이즈가	6
단계별로	5
수	5
이	5
잠재	5
이미지	4
이미지가	4
포함된	4
단계를	3
만들어	3
생성기에서	3
수치들을	3
있다	3
학습	3
결국	2
과정은	2
과정이다	2
구하고	2
그	2
노이즈는	2
노이즈의	2
만든	2
모델은	2
바탕으로	2
반복하면	2
복원할	2
생성	2
않는	2
어떤	2
여러	2
역확산	2

〈그림 16〉 Concordance 모듈의 결과 저장 버튼과 어휘 빈도 출력 파일 예시

〈그림 16〉에 제시된 어휘 출현 목록은 텍스트 내에서 특정 어휘 또는 어절이 얼마나 자주 등장했는지를 수치화한 결과에 해당한다. 표의 첫 번째 열인 *surface*는 분석된 텍스트에 실제로 포함되어 있는 어휘 또는 어절을 나타내며, 두 번째 열인 *count*는 각 어휘가 등장한 빈도를 나타낸다. DEUS 시스템은 이러한 어휘 출현 목록을 엑셀 파일 형태로 제공함으로써, 사용자가 각 어휘의 빈도 분포를 데이터 정렬을 통해 손쉽게 확인하고 분석할 수 있도록 지원한다. 이와 같은 용례 분석 기반의 어휘 빈도표는 텍스트에 포함된 핵심 표현이나 주요 개념이 어떤 어휘를 통해 반복적으로 나타나는지를 파악하는 데 유용하다. 빈도가 높은 어휘는 텍스트 전개에서 중심 개념일 가능성이 높으며, 반면 1회 등장하거나 저빈도인 어휘는 보다 구체적인 맥락을 드러내는 의미 단서로 작용할 수 있다. 또한 이러한 분석 결과는 주제어 추출, 의미 네트워크 분석 등 다양한 정량

적 텍스트 분석 작업의 기초 자료로 활용될 수 있어, 후속 연구나 시각화 작업에 있어 중요한 기반 정보를 제공한다.

다음으로 사용자는 'Save concordance results' 버튼을 통해 DEUS 시스템에서 Concordance 탭에서 검색한 특정 어휘의 용례를 엑셀 파일 형태로 다운로드할 수 있다. 사용자가 Concordance 탭에서 '이미지를'이라는 어휘의 용례를 검색했을 때 'Save results' 버튼을 통해 다운로드 되는 엑셀 파일은 〈그림 17〉과 같다.

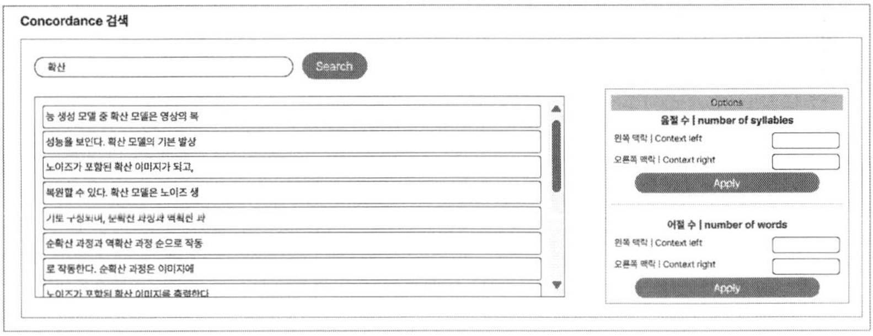

	A	B	C	D	E	F
1	concordanceString	citationFileName	citationContent	citationIndexStart	citationIndexEnd	
2	능 생성 모델 중 확산 모델은 영상의 복	샘플 텍스트 - 2025년 수능 지문.txt	문장이나 영상, 음성을 만들어 내는 인공 지	34	36	
3	성능을 보인다. 확산 모델의 기본 발상	샘플 텍스트 - 2025년 수능 지문.txt	문장이나 영상, 음성을 만들어 내는 인공 지	71	73	
4	노이즈가 포함된 확산 이미지가 되고,	샘플 텍스트 - 2025년 수능 지문.txt	문장이나 영상, 음성을 만들어 내는 인공 지	225	227	
5	복원할 수 있다. 확산 모델은 노이즈 생	샘플 텍스트 - 2025년 수능 지문.txt	문장이나 영상, 음성을 만들어 내는 인공 지	349	351	
6	기로 구성되며, 순확산 과정과 역확산 과	샘플 텍스트 - 2025년 수능 지문.txt	문장이나 영상, 음성을 만들어 내는 인공 지	390	392	
7	순확산 과정과 역확산 과정 순으로 작동	샘플 텍스트 - 2025년 수능 지문.txt	문장이나 영상, 음성을 만들어 내는 인공 지	398	400	
8	로 작동한다. 순확산 과정은 이미지에	샘플 텍스트 - 2025년 수능 지문.txt	문장이나 영상, 음성을 만들어 내는 인공 지	416	418	
9	노이즈가 포함된 확산 이미지를 출력한다	샘플 텍스트 - 2025년 수능 지문.txt	문장이나 영상, 음성을 만들어 내는 인공 지	526	528	
10	단계에서 출력된 확산 이미지에 더한다.	샘플 텍스트 - 2025년 수능 지문.txt	문장이나 영상, 음성을 만들어 내는 인공 지	579	581	
11	예측기는 단계별로 확산 이미지를 입력받아	샘플 텍스트 - 2025년 수능 지문.txt	문장이나 영상, 음성을 만들어 내는 인공 지	688	690	
12	학습시킨다. 역확산 과정은 노이즈 이	샘플 텍스트 - 2025년 수능 지문.txt	문장이나 영상, 음성을 만들어 내는 인공 지	1019	1021	
13	중간 단계에서의 확산 이미지를 노이즈	샘플 텍스트 - 2025년 수능 지문.txt	문장이나 영상, 음성을 만들어 내는 인공 지	1151	1153	
14	연산기는 입력된 확산 이미지로부터 이	샘플 텍스트 - 2025년 수능 지문.txt	문장이나 영상, 음성을 만들어 내는 인공 지	1239	1241	
15	노이즈를 제거한 확산 이미지를 출력한다	샘플 텍스트 - 2025년 수능 지문.txt	문장이나 영상, 음성을 만들어 내는 인공 지	1274	1276	
16	미지를 출력한다. 확산 이미지에 이런 단	샘플 텍스트 - 2025년 수능 지문.txt	문장이나 영상, 음성을 만들어 내는 인공 지	1288	1290	
17	번호를 붙이면 역확산 과정에서 이미지를	샘플 텍스트 - 2025년 수능 지문.txt	문장이나 영상, 음성을 만들어 내는 인공 지	1401	1403	
18						
19						
20						
21						

〈그림 17〉 Concordance 모듈 내 Concordance 출력 파일 예시

엑셀 파일은 용례 분석 결과를 기반으로, 특정 키워드나 표현이 텍스트 내에서 어떤 문맥 속에 등장했는지를 구조화한 정보를 담고 있다. A열 'concordanceString'에는 분석 대상 어휘가 포함된 실제 문장 또는 어구가

제시되며, 사용자가 지정한 키워드가 어떤 문맥에서 사용되었는지를 보여주는 예문의 역할을 한다. B열 'citationFileName'에는 해당 문장이 포함된 원본 텍스트 파일의 이름이, C열 'citationContent'에는 해당 어휘가 포함된 텍스트의 출처, 즉 원문 전체 내용이 제시된다. B열과 C열의 정보는 여러 개의 텍스트를 동시에 분석할 때, 특정 어휘가 어떤 자료에서 얼마나 자주 등장했는지를 파악하고, 해당 어휘의 출처를 식별하는 데 유용하게 활용된다. D열 'citationIndexStart'는 해당 어휘나 구절이 원문 텍스트 내에서 시작되는 문자 위치를, E열 'citationIndexEnd'는 종료되는 문자 위치를 의미한다. 예를 들어, 〈그림 17〉에 제시된 예시에서 첫 번째 행에 제시된 '확산'(용례 1)이라는 표현은 텍스트의 34번째 문자에서 시작하여 36번째 문자에서 종료됨을 나타낸다.

이와 같은 문맥 기반의 용례 표는 특정 표현이 어떤 주제나 상황 속에서 사용되었는지를 파악하는 데 도움을 주며, 각 어휘의 텍스트 내 위치 정보를 바탕으로 빠른 인용이나 강조 표시, 어휘 추적 등의 후속 작업을 효율적으로 수행할 수 있도록 한다.

제4장
DEUS 프로그램을 활용한 한국어 텍스트 분석

DEUS 프로그램은 한국어 텍스트를 구성하는 다양한 언어적 차원을 정량적인 지표로 변환해주는 언어 분석 도구로, 텍스트의 언어적 특성을 보다 객관적이고 체계적으로 계량화할 수 있다는 점에서 학술적·실무적으로 매우 높은 활용 가치를 지닌다. 이 프로그램은 형태소, 어휘, 구문, 담화 등 여러 수준에서 언어 정보를 추출하고 이를 수치화함으로써, 단순한 표면 분석을 넘어 텍스트의 복잡성, 응집성, 어휘의 다양성, 정보 밀도 등과 같은 다양한 언어적 요소를 다각도로 정밀하게 파악할 수 있도록 한다. 이러한 분석 방식은 기존의 정성적 해석이 가지는 주관성과 재현성의 한계를 보완하며, 특히 대량의 텍스트를 일관된 기준으로 비교·평가해야 하는 연구나 교육 현장에서 그 유용성이 더욱 두드러진다.

이러한 특성 덕분에 DEUS는 국어교육, 작문 평가, 읽기 자료의 난이도 분석, 학습자 텍스트 진단, 자동 평가 시스템 구축 등 다양한 분야에 폭넓게 활용될 수 있으며, 특히 텍스트 기반의 교육 및 연구 활동에서 정량적 분석의 도입을 통해 보다 신뢰할 수 있는 결과 도출과 실천적 활용을 가능하게 하는 도구로 기능할 수 있다.

이에 제4장에서는 DEUS 프로그램을 활용한 한국어 텍스트 분석 사례를 구체적으로 제시함으로써, DEUS가 실제 연구 및 교육 맥락에서 어떻게 적용될 수 있는지를 살펴보고자 한다. 구체적으로는 서로 다른 유형의 한국어 텍스트를 선정하여 DEUS를 통해 분석한 후, 각 지표들이 텍스트 평가 및 비교, 난이도 판단, 학습자 수준 진단 등에 어떤 방식으로 활용될 수 있는지를 제시할 것이다. 이를 통해 DEUS가 제공하는 정량 지표들이 단순한 수치 정보에 그치지 않고, 텍스트를 바라보는 분석적 틀로서 어떠한 해석적 통찰을 가능하게 하는지를 보여주고자 한다.

특히 본 장에서는 세 가지 대표 사례를 중심으로 분석을 진행한다. 첫째, 국어 교과서 내의 비문학 지문을 분석하여 교육용 텍스트의 언어적 특성을 추출하고 학년 간·과목 간 난이도 차이를 탐색한다. 둘째, 한국어 학습자들이 작성한 에세이 데이터를 분석함으로써, 학습자의 숙달도 및 쓰기 능력과 언어 지표 간의 관련성을 검토한다. 셋째, 한국어 능력시험(TOPIK)의 읽기 지문을 대상으로 DEUS 지표 기반 난이도 분석을 수행함으로써, 공식 시험의 문제 구성 원리를 실증적으로 탐색하고자 한다. 이 세 가지 사례는 각기 다른 목적과 텍스트 유형을 포함하고 있으나, 공통적으로 DEUS 프로그램을 통해 도출된 지표들이 실제 현장에서 유의미한 해석과 결론을 이끌어낼 수 있음을 보여줄 것이다.

궁극적으로 이 장의 분석은 DEUS 프로그램이 단순한 언어 정보 추출 도구를 넘어, 한국어 텍스트를 보다 과학적이고 객관적으로 이해할 수 있는 분석 플랫폼으로 기능할 수 있음을 실증적으로 제시하는 데 그 의의가 있다.

1. 중학교 학년별 국어 교과서 읽기 지문 난이도 분석

교과서는 실제 교육 현장에서 교육 목표와 성취 기준을 달성하기 위해 설계된 표준화된 학습 자료로서, 교육과정의 핵심 내용을 학생이 직접 경험할 수 있는 구체적인 학습 활동과 콘텐츠의 형태로 구현된다는 점에서 매우 중요한 의미를 지닌다. 학생들에게는 교과서가 자기 주도적 학습과 복습의 기반이 될 뿐만 아니라, 교사의 수업 운영과 평가의 기준 역할도 수행한다.

무엇보다 교과서는 학년별 교육과정에 명시된 교육 목표와 성취 기준에 따라, 학습자의 인지 발달 수준을 고려한 지식의 단계적 조직과 배열을 전제로 구성되어야 한다. 이는 교과서가 단순히 정보를 나열하는 것이 아니라, 지식 간의 관계성과 구조를 학습자가 이해할 수 있도록 안내하는 교육적 도구로 기능해야 함을 의미한다. 즉, 교과서는 내용의 깊이나 양만이 아니라, 언어적 표현, 문장 구조, 정보 밀도, 응집성 등 다양한 텍스트적 특성에서 학년 수준에 적합한 난이도를 유지해야 한다는 점에서, 지문 구성에 대한 정밀한 설계가 요구된다(김시현 외, 2018; 이성영, 2011).

이러한 관점에서, 교과서에 수록된 읽기 지문은 단지 학습 자료의 일부가 아니라, 학년별 인지 발달과 언어 능력 향상에 기여하는 핵심 매개체로 볼 수 있다. 특히 청소년기 학습자들은 학년이 올라감에 따라 점진적인 인지 발달을 경험하므로, 이와 발맞춘 언어적 난이도 조절은 교육적 효과를 극대화하기 위한 필수 요소이다. 따라서 교과서 지문의 난이도가 학년별로 체계적으로 설계되어 있는지, 또는 실제 텍스트가 그러한 난이도 변화를 제대로 반영하고 있는지를 검토하는 일은 교육과정의 적절성을 평가하는 데 있어 중요한 작업이라 할 수 있다.

이에 제1절에서는 국내 주요 교과서 출판사 중 한 출판사에서 발행한 중학교 1학년, 2학년, 3학년 1학기 국어 교과서를 분석 대상으로 삼아 수록된 지문의 난이도가 학년 발달에 맞는 난이도로 구성되었는 지를 평가함에 있어 DEUS 프로그램이 어떻게 활용될 수 있는 지를 제시하고자 한다. 이를 위해 한 출판사에서 각 학년별 교과서에 수록한 지문 중 '읽기' 활동을 목적으로 제시된 본문을 중심으로 텍스트를 선별하였으며, 이를 바탕으로 DEUS 프로그램을 활용한 정량적 언어 분석을 실시하였다.

1.1. 텍스트 표층 구조

텍스트의 표면적 특성에 해당하는 어휘와 문장의 수, 길이는 개별 텍스트의 난이도를 파악하는 데 간접적으로 활용될 수 있는 기초적 지표로 간주된다. 문장이 길거나 어휘가 많을 경우 처리해야 할 정보의 양이 늘어나 독자가 사용해야 하는 인지 자원의 양이 많아지므로(Just & Carpenter, 1992) 단어 수나 문장의 길이는 이해의 난이도에 영향을 주는 형식적인 요인에 해당한다(Graesser, McNamara, & Kulikowich, 2011).

텍스트의 표층 구조 분석 결과는 아래 〈표 5〉에 제시하였다.

〈표 5〉 중학교 학년별 국어 교과서 읽기 지문 텍스트 표층 구조 분석 결과

	1학년	2학년	3학년
어휘 수	529	530	491
문장 수	39	48	41
평균 어휘 길이	3.06	2.87	2.92
평균 문장 길이	13.56	11.04	11.98

먼저, 각 학년별 교과서에 수록된 읽기 지문의 어휘 수와 평균 어휘 길이를 살펴보면, 1학년 지문은 어휘 수가 가장 많고 어휘 길이 또한 2학년

과 3학년에 비해 긴 것으로 나타났다. 이는 저학년 학생을 대상으로 제작된 텍스트임에도 불구하고, 상대적으로 복잡한 단어들이 사용되었을 가능성을 시사한다. 반면, 2학년 지문은 어휘 수는 1학년과 유사하지만 평균 어휘 길이는 더 짧아, 보다 쉬운 어휘가 주로 사용되었음을 보여준다. 3학년 지문은 어휘 수가 세 학년 중 가장 적었으나, 평균 어휘 길이는 다시 소폭 증가하여, 어휘적 복잡도가 다소 상승한 것으로 해석할 수 있다.

다음으로 문장 수와 평균 문장 길이를 보면, 1학년 지문은 문장 수는 가장 적지만 평균 문장 길이는 가장 길게 나타났다. 이는 한 문장에 여러 구성 성분이나 정보 단위가 포함되어 텍스트의 통사적 복잡성이 높아졌음을 의미한다. 반면, 2학년 지문은 문장 수가 가장 많고 문장 길이는 가장 짧아, 문장 단위 정보 처리가 보다 단순하고 직관적으로 이루어질 수 있음을 보여준다. 3학년 지문은 문장 수와 길이 모두 중간 수준으로 나타나, 상대적으로 균형 잡힌 구성을 보였다.

이러한 표층적 텍스트 특성 분석 결과는, 1학년 읽기 지문이 다른 학년에 비해 어휘적·통사적으로 더 복잡하게 설계되어 있을 가능성을 시사하며, 오히려 2학년 지문이 가장 낮은 난도로 구성되어 있음을 보여준다.

1.2. 어휘 특성

어휘 특성 범주에 속하는 대표적인 측정치로는 어휘 빈도와 타입-토큰 비율이 있으며, 이들은 텍스트에 포함된 전체 어휘뿐만 아니라 내용어를 기준으로 분석될 수 있다. 어휘 빈도는 특정 단어가 얼마나 자주 사용되는지를 나타내는 지표로, 저빈도 단어일수록 어휘적 난도가 높은 것으로 간주된다. 반면, 타입-토큰 비율은 텍스트 내 어휘의 다양성(lexical diversity)을 측정하는 지표로, 이 비율이 높을수록 다양한 어휘가 사용되었음을 의미하며, 일반적으로 텍스트에 담긴 정보량이 많다고 해석된다. 즉, 타입-토큰 비율이 높을 경우, 독자는 더 풍부하고 다양한 의미를 해석해야 하므로, 텍스트 이해에 더 많은 인지적 노력이 요구될 수 있다. 각 학년별 읽기 지문의 어휘 특성 분석 결과는 아래 〈표 6〉에 제시하였다.

〈표 6〉 중학교 학년별 국어 교과서 읽기 지문 어휘 특성 결과

	1학년	2학년	3학년
전체 어휘 빈도	2814.86	2033.24	2445.71
전체 로그 변환 어휘 빈도	5.98	5.30	5.83
내용어 어휘 빈도	2320.24	1836.37	1948.85
내용어 로그 변환 어휘 빈도	5.76	5.19	5.62
전체 타입-토큰 비율	0.83	0.85	0.85
내용어 타입-토큰 비율	0.82	0.85	0.86

측정치를 살펴보면, 전체 어휘와 내용어의 어휘 빈도는 모두 1학년 교과서 지문에서 가장 높았으며, 2학년 교과서 지문에서 가장 낮았다. 일반적으로 고빈도 어휘가 많이 포함된 텍스트일수록 난도가 낮다는 점을 고려할 때, 어휘 수준에서 2학년 교과서 읽기 지문이 1학년보다 더 쉬울 가능성을 시사한다. 한편, 타입-토큰 비율은 학년 간 큰 차이는 아니지만, 1학년보다 2·3학년 교과서에서 다소 높게 나타나 학년이 올라갈수록 어휘의 다양성이 증가하는 경향을 보였다. 종합하면, 어휘 빈도 측면에서는 2학년 교과서 지문의 난도가 더 낮을 수 있으나, 어휘 다양성 측면에서는 고학년 교과서에서 더 높은 수준을 보인다. 이는 1학년 교과서는 상대적으로 쉬운 어휘를 중심으로 구성된 반면, 2학년 교과서는 학년 수준에 맞는 어휘 선택의 정교한 조정이 필요함을 시사한다.

1.3. 통사 구조

통사 구조 범주에 포함되는 측정치로는 수식언 비율, 문장 성분의 다양성, 관형절의 비율이 있다. 각 학년별 읽기 지문의 통사 구조 측정치는 아래 〈표 7〉에 제시하였다.

〈표 7〉 중학교 학년별 국어 교과서 읽기 지문 통사 구조 분석 결과

	1학년	2학년	3학년
수식언 비율	0.16	0.14	0.17
문장 성분	0.91	0.88	0.89
관형절 비율	0.12	0.1	0.08

먼저, 수식언 비율은 텍스트 내 전체 어휘 중 형용사와 부사에 해당하는 수식언이 차지하는 비율을 의미한다. 수식언은 명사나 동사를 꾸며 문장 표현을 보다 정교하고 풍부하게 만드는 기능을 수행하지만, 동시에 독자가 문장을 이해하는 과정에서 처리해야 할 의미 단위가 증가하게 되어 인지적 부담을 높이는 요인으로 작용할 수 있다. 따라서 수식언 비율이 높을수록 문장의 복잡성이 상승하며, 이는 텍스트의 통사적 난도를 높이는 방향으로 작용할 수 있다. 분석 결과, 수식언 비율은 2학년, 1학년, 3학년 순으로 낮게 나타났다. 이는 2학년 읽기 지문에서 형용사나 부사의 활용이 상대적으로 적었음을 보여준다.

다음으로, 문장 성분의 경우 각 문장에서 개별 어휘가 속한 상위 문장 구성 성분의 개수를 평균화한 값으로 산출된다. 이 수치가 높을수록 개별 문장 내에서 문장 성분이 보다 고차원적으로 조직되어 있다는 것을 의미하며, 통사적 복잡성이 높다고 간주된다. 분석 결과, 1학년 읽기 지문의

문장 성분 측정치가 가장 높았다. 이는 고학년 읽기 지문보다 오히려 저학년 읽기 지문이 더 복잡한 통사 구조로 구성되어 있음을 시사한다.

관형절 비율은 관형절의 수식을 받는 어휘의 비율을 의미한다. 이 비율이 높다는 것은 각 어휘가 더 많은 수식어에 의해 통사적으로 확장되어 있다는 것을 뜻하며, 결과적으로 문장의 구조가 더 복잡해졌음을 나타낸다. 분석 결과, 관형절 비율은 학년이 높아질수록 점진적으로 감소하는 경향을 보였다. 이는 학년이 올라갈수록 관형절을 활용한 복잡한 문장 구조의 사용이 줄어들고 있음을 보여주며, 전반적으로 통사적 복잡성이 점차 낮아지는 경향이 있음을 시사한다.

이와 같은 통사 구조 관련 측정치에 대한 분석 결과, 수식언 비율과 문장 성분의 복잡도는 어휘 수준에서의 분석 결과와 유사하게, 2학년 읽기 지문의 통사적 난도가 다른 학년에 비해 상대적으로 낮음을 시사한다. 특히 관형절 비율의 경우, 학년이 높아질수록 점진적으로 감소하는 경향이 확인되었는데, 이는 고학년일수록 관형절을 활용한 복잡한 문장 구조가 오히려 덜 사용되고 있음을 보여준다. 이러한 결과는 각 학년 교과서에 수록된 읽기 지문이 통사 구조 측면에서도 학년별 학습자의 인지 발달 수준에 부합하도록 통사적 특성의 세심한 구성이 요구됨을 보여준다.

1.4. 참조 정합성

참조 정합성 범주에 속하는 측정치는 인접 문장 간 명사 반복과 전체 문장 간 명사 반복이다. 이 두 지표는 텍스트 내에서 동일한 명사가 반복적으로 사용되는 양상을 포착함으로써, 텍스트의 응집성(cohesion)을 정량적으로 평가하는 데 활용된다. 인접 문장 간 명사 반복은 동일 명사가 바로 앞뒤 문장에 반복되어 나타나는 경우를 기준으로 산출되며, 전체 문장 수 대비 이러한 반복이 발생한 문장 쌍의 비율로 계산된다. 이는 국지적(local) 수준에서 문장 간 의미 연결 정도를 파악하는 데 유용하다. 반면, 전체 문장 간 명사 반복은 텍스트 전반에 걸쳐 비인접 문장 간 동일 명사 사용 여부를 고려함으로써, 글 전체에 걸친 전역적(global) 응집성을 평가하는 데 효과적이다. 따라서 이 두 측정치는 참조 정합성을 다면적으로 분석하는 데 있어 상호보완적인 역할을 수행하며, 텍스트의 응집 구조를 보다 정교하게 진단할 수 있는 지표로 기능한다.

〈표 8〉 중학교 학년별 국어 교과서 읽기 지문 참조 정합성 분석 결과

	1학년	2학년	3학년
인접 문장 간 명사 반복	0.87	0.68	0.65
전체 문장 간 명사 반복	0.64	0.39	0.47

위 〈표 8〉에 제시된 참조 정합성 분석 결과를 살펴보면, 인접 문장 간 명사 반복 측정치는 하년이 높아질수록 점차 감소하는 것으로 나타났다. 이는 학년이 높아질수록 인접하는 문장 간 명사의 반복이 덜 발생한다는 것으로, 독자는 문장 간 의미 연결을 위해 더 많은 추론이나 배경지식에 의존해야 할 가능성이 높다. 즉, 낮은 학년의 읽기 지문은 명사의 반복을 통해 국지적 응집성을 확보하고 있어 문맥 이해가 다소 수월한 반면, 고학년 지문은 명시적 연결 장치가 줄어들면서 독자의 이해 능력이 보다 많이 요구된다.

반면, 전체 문장 간 명사 반복은 1학년 읽기 지문에서 가장 높았으나, 2학년 읽기 지문은 3학년에 비해 그 값이 낮았다. 이는 2학년 읽기 지문의 경우 전체 문장 간 동일 명사의 반복을 통한 의미 연결이 상대적으로 덜 이루어졌음을 나타내는 것으로, 글 전반의 의미 연결이나 주제 유지

측면에서 일관성이 낮을 수 있음을 의미한다.

참조 정합성 분석 결과를 종합해 보면, 국지적 응집성은 학년이 높아질수록 점차 낮아지는 경향을 보여, 독자가 문장 간 의미 연결을 스스로 구축해야 하는 인지적 요구가 증가함을 알 수 있다. 이는 학년이 올라갈수록 학습자의 인지 발달 수준에 맞추어 국지적인 응집성 측면에서는 읽기 지문이 설계되었음을 시사한다. 반면, 전역적 응집성은 학년과의 관계에서 일관된 증가 또는 감소의 패턴을 보이지 않고, 특히 2학년 읽기 지문은 1학년보다 낮은 전역적 응집성을 나타내면서도 3학년보다 더 낮은 수치를 보였다. 이는 2학년 지문에서 텍스트 전반에 걸친 의미 연결이나 주제 유지가 상대적으로 약하게 형성되어 있을 가능성을 보여주며, 해당 학년의 읽기 자료는 전반적인 응집성 수준이 학습자의 인지적 요구 수준에 비해 다소 낮게 조정되어 있을 수 있음을 시사한다. 따라서 2학년 읽기 지문은 전역적 응집성 측면에서 보다 정교한 조율이 필요하다.

1.5. 접속 부사

접속 부사는 다음 문장을 선행 맥락에 유기적으로 연결하는 기능을 수행하며, 텍스트 내의 의미적 흐름을 명확히 하여 전체적인 정합성을 높이는 담화 연결 장치로 작용한다. 이러한 접속 부사가 텍스트에 사용될 경우, 독자는 선행 문맥과 이후 문장 간의 의미적 또는 논리적 관계를 보다 명시적으로 파악할 수 있게 되어, 내용 이해에 요구되는 인지적 부담이 감소하게 된다. 따라서 접속 부사의 사용 빈도가 높은 텍스트일수록 독자가 전체 내용을 보다 수월하게 이해할 수 있으며, 결과적으로 텍스트의 난도가 상대적으로 낮아진다고 볼 수 있다. 이에 따라, 아래 〈표 9〉에는 DEUS 시스템을 활용하여 분석한 각 학년 읽기 지문에 포함된 접속 부사 비율과 각 유형별 출현 비율을 제시하였다.

〈표 9〉 중학교 학년별 국어 교과서 읽기 지문 접속 부사 분석 결과

		1학년	2학년	3학년
전체 접속 부사		1.51	1.89	2.85
인과	결과	0.19	0.57	0.61
	귀결	0	0	0.2
	원인	0.19	0	0
시간	동시	0	0.19	0
	순차	0	0	0
상술	환언	0	0	0.2
	예시	0.19	0	0
	첨가-일반	0.38	0.94	0.61
	첨가-이접	0	0	0.2
	첨가-요약	0	0	0
	첨가-대체	0	0	0
	강화	0.19	0	0.2
대립	역접	0.38	0.19	0.81
	양보	0	0	0
	예외	0	0	0
	중단	0	0.19	0.41

주요 결과를 살펴보면, 전체 접속 부사 비율은 학년이 높아질수록 점진적으로 증가하는 경향을 보였다. 접속 부사가 문장 간 의미 흐름을 명확히 하여 독자가 텍스트를 보다 쉽게 이해할 수 있도록 돕는다는 점을 고려할 때, 이러한 결과는 학년이 올라갈수록 텍스트의 연결성이 강화되고, 문장 간 논리적 관계를 파악하는 데에 있어 요구되는 인지적 부담이 점차 감소하고 있음을 시사한다.

그러나 접속 부사의 세부 유형별 출현 비율을 살펴본 결과, 전체 접속 부사의 경향성과 유사한 양상을 보이는 유형도 있었으나, 그렇지 않은 유형도 확인되었다. 먼저, 전체 접속 부사 비율에서 나타난 경향은 '또', '그리고'와 같이 첨가 기능을 수행하는 일반 접속 부사에서 가장 뚜렷하게 나타났다. 2학년과 3학년 교과서에서는 이러한 접속 부사의 사용 빈도가 1학년에 비해 상대적으로 높게 나타나, 후속 문장의 내용을 덧붙이거나 확장하는 담화 구조가 보다 적극적으로 활용되었음을 시사한다. 한편, '그런데', '한편'과 같이 내용 전환이나 중단을 나타내는 접속 부사는 1학년 교과서에서는 전혀 사용되지 않았으나, 2학년과 3학년 교과서의 읽기 지문에서는 출현한 것으로 나타났다. 이는 학년이 높아질수록 텍스트 내에서 문장 간 전환과 논리적 연결을 보다 명시적으로 표현하려는 경향이 강화되고 있음을 보여준다.

반면, '오히려', '심지어'와 같이 강조의 의미를 담고 있는 접속 부사는 2학년 교과서 지문에서는 전혀 출현하지 않았으나, 1학년과 3학년 지문에서는 모두 나타난 것으로 분석되었다. 이와 유사하게, '반면', '하지만'과 같이 앞선 내용과 대조되는 정보를 제시할 때 사용되는 접속 부사의 출현 빈도 또한 2학년 교과서에서 가장 낮은 수준을 보였다. 이러한 결과는 2학년 교과서 읽기 지문에서 강조나 대조와 같은 복합적 담화 기능을 수행하는 접속 부사의 활용이 상대적으로 제한적임을 보여준다. 그에 따라 텍스트 내에서 의미 전환이나 강조와 같은 담화적 연결 장치의 명시성이 다소 약화되어 있을 가능성이 있으며, 이는 독자가 문장의 논리적 흐름을 파악하는 데 있어 보다 높은 인지적 부담을 경험할 수 있음을 시사한다. 결과적으로, 2학년 읽기 지문은 학습자의 인지 발달 수준에 비해 논리적 연결 구조가 덜 체계적으로 구성되어 있을 가능성이 있으며, 이는 해당 학년의 텍스트 구성 방식이 담화적 정합성 측면에서 재검토될 필요가 있음을 함의한다.

종합적으로 살펴볼 때, 2학년 교과서의 읽기 지문은 어휘, 통사 구조, 참조 정합성, 담화 연결 측면에서 모두 1학년이나 3학년에 비해 상대적으로 낮은 난도와 응집성을 보이는 것으로 나타났다. 어휘 빈도가 가장 낮고, 통사적 복잡성도 비교적 단순하며, 전역적 응집성과 담화적 연결을 위한 접속 부사의 사용 또한 제한적인 경향을 보였다. 이는 2학년 읽기 지문이 학습자의 인지 발달 수준에 비해 전반적으로 낮은 수준에서 구성되어 있을 가능성을 시사하며, 교육적 효과를 극대화하기 위해 해당 학년의 읽기 자료는 텍스트의 구조적 정합성과 담화적 연결성을 보다 정교하게 설계할 필요가 있음을 보여준다.

이러한 분석 결과는 교과서 편찬 시 학년 간 난이도 조절이 일관되지 않거나, 특정 학년에서 과도한 단순화가 이루어졌을 가능성을 제기하며, 학습자의 실제 인지 발달 수준과 언어적 처리 능력에 적절히 부합하는 텍스트 설계의 필요성을 강조한다. 특히 중간 학년인 2학년의 경우, 읽기 자료가 단순히 쉬운 내용을 제공하는 데 그치지 않고, 점진적인 인지적 도전과 담화 구조 학습을 유도할 수 있는 방향으로 재구성될 필요가 있다. 이는 향후 교과서 개발뿐만 아니라, 읽기 교육 전반에 있어 학년별 발달 수준에 따른 텍스트 정합성 기반 난이도 조정의 중요성을 시사하는 실질적인 함의로 작용할 수 있다.

이러한 분석을 가능하게 한 DEUS 시스템은 교과서 텍스트의 표층적 언어 특성을 정량적으로 측정하고 비교할 수 있는 체계적인 분석 도구로, 교육 현장에서의 읽기 자료 개발 및 점검에 있어 유의미한 기초 자료를 제공할 수 있다. 특히, 학년 간 텍스트 난이도나 정합성의 적절성을 사전에 진단하고, 학습자의 인지 발달 수준에 부합하는 텍스트 설계를 유도하는 데 있어 실질적인 근거를 마련해 줄 수 있다는 점에서 활용 가치가 높다.

앞으로도 DEUS 시스템은 교과서뿐 아니라 다양한 교육용 텍스트에 적용되어, 언어적 특성과 인지적 요구 간의 정합성 평가에 있어 중요한 역할을 수행할 수 있을 것이다.

2. 한국어 학습자의 한국어 숙달도에 따른 작문 텍스트의 난이도 분석

제2언어로서 한국어를 학습하는 학습자의 작문 능력을 등급별로 분석하는 작업은 한국어 교육 현장에서 매우 중요한 의미를 지닌다. 제2언어 습득의 네 가지 주요 영역(말하기, 듣기, 읽기, 쓰기) 중에서도 '쓰기'는 가장 높은 수준의 인지적·언어적 통합 능력을 요구하는 언어 기능으로 간주된다. 이는 듣기와 읽기처럼 주어진 텍스트를 이해하는 수용적 활동과 달리, 말하기와 쓰기는 새로운 텍스트를 산출해야 하는 생산적 기능에 해당하기 때문이다. 특히 쓰기는 단순히 문장을 배열하는 것이 아니라, 전체 구조를 계획하고, 의미를 조직하며, 논리적으로 전개하고, 결과물을 교정하는 일련의 복합적 과정을 포함한다(Flower & Hayes, 1980; 1981). 이 과정에서 말하기는 구어적 특성상 실수가 허용되고 수정이 즉각적으로 가능하지만, 쓰기는 흔적이 남는 결과물로 평가되기 때문에 상대적으로 더 높은 정확성과 완결성이 요구된다. 이러한 특성으로 인해 언어 교육의 단계에서도 일반적으로 듣기 – 말하기 – 읽기 – 쓰기의 순으로 교수·학습이 이루어지며, 쓰기는 가장 마지막에 도달하게 되는 기능으로 여겨진다. 실제로 한국어능력시험(TOPIK)과 같은 공인 평가 체계에서도 쓰기 능력은 고급 언어 능력의 핵심 지표로 설정되어 있다. 따라서 학습자의 등급에 따라 쓰기 능력이 어떠한 특성을 보이는지를 체계적으로 분석하는 일은 한국어 숙달도에 대한 정밀한 이해를 가능하게 하며, 효과적인 교육 내용

구성과 평가 기준 설정에도 실질적인 기초 자료를 제공할 수 있다.

특히 작문은 학습자가 자신의 의도를 효과적으로 전달하기 위해 필요한 어휘를 선별하고, 그에 적절한 통사 구조를 구성한 뒤, 이를 논리적으로 연결하여 하나의 텍스트로 조직해야 하는 복합적 언어 활동이다. 이러한 과정은 문장 단위의 생성 능력을 넘어, 텍스트 전체의 응집성과 일관성, 구조적 완결성을 함께 고려하는 고차원적 처리 능력을 요구한다. 따라서 학습자의 작문 텍스트를 어휘, 통사, 담화, 텍스트 구성 등의 다양한 차원에서 정밀하게 분석하는 것은 등급별 쓰기 능력의 질적 차이를 심층적으로 이해할 수 있는 효과적인 접근 방식이 될 수 있다. 이러한 다차원 분석은 단지 학습자의 오류나 문장 길이만을 평가하는 기존 방식에서 벗어나, 쓰기 능력의 발달 과정을 보다 통합적으로 조망할 수 있게 해준다.

이에 제2절에서는 등급별 학습자의 쓰기 텍스트를 DEUS의 측정 지표를 활용하여 분석함으로써, 텍스트의 각 차원에서 나타나는 쓰기 전략의 양상을 살펴보고, DEUS 시스템의 활용 가능성을 탐색하고자 한다. 이를 위해 국립국어원에서 구축한 한국어 학습자 말뭉치에 포함된 중국인 학습자의 작문 데이터를 활용하여, 어휘, 통사, 담화 수준에서 등급별 글쓰기 특성이 어떠한 양상으로 나타나는지를 분석하였다. 국립국어원의 한국어 학습자 말뭉치 구축 사업은 2015년부터 다양한 모국어 배경을 지닌 한국어 학습자들을 대상으로 문어 및 구어 데이터를 수집하여 데이터베이스화한 것으로, 한국어 교육 연구자와 교수자가 모국어별 한국어 사용 양상을 체계적으로 파악할 수 있도록 지원한다. DEUS 시스템은 말뭉치에 포함된 텍스트 파일을 보다 효율적으로 분석할 수 있다는 점에서, 학습자의 쓰기 결과물에 대한 정량적이고 다차원적인 분석이 가능하다는 장점을 지닌다. 이러한 특성으로 인해 DEUS는 한국어 학습자의 언어 사용 특성을 심층적으로 규명하는 데 유용한 도구로 활용될 수 있으며, 제2절에서는 이를 실제로 적용한 분석 사례를 중심으로 그 가능성을 살펴보고자 한다.

국립국어원의 한국어 학습자 말뭉치는 전 세계 149개국, 107개 언어권에 속하는 한국어 학습자들의 다양한 언어 사용 데이터를 포함하고 있다. 본 절에서는 그중 학습자 비율이 높은 중국인 한국어 학습자를 대상으로, 동일한 주제(인구 문제)에 대해 작성된 논설문을 분석 대상으로 선정하였다. 분석 대상은 한국어 능력 등급에 따라 3급(7명), 4급(9명), 5·6급 통합(5명)으로 분류하였으며, 각 등급에 해당하는 학습자의 작문 텍스트에 대해 DEUS 시스템을 활용한 정량적 분석을 수행하고, 측정치의 등급별 평균 값을 산출하였다. 이때 학습자의 작문에 나타난 특성을 다층적으로 살펴보기 위해, 텍스트의 표층 수준(표층 구조), 어휘 수준(어휘 특성, 내용어 비율, 심성 어휘 지표), 통사 수준(통사 구조), 담화 수준(참조 정합성)에 대한 DEUS 측정치의 등급별 평균 값을 비교·분석하였다.

2.1. 텍스트 표층 구조

어휘와 문장의 수 및 길이와 같은 텍스트의 표면적 특성은 난이도뿐만 아니라, 학습자의 표현력과 언어 자원 활용 수준을 함께 반영하는 지표로 간주될 수 있다. 일반적으로 문장이 길고 어휘의 양이 많을수록 독자가 처리해야 할 정보량이 증가하여 인지 부담이 커지기 때문에(Just & Carpenter, 1992) 이해의 난도가 상승할 수 있다(Graesser, McNamara, & Kulikowich, 2011). 동시에 이러한 지표들은 학습자가 자신의 생각을 얼마나 풍부하고 정교하게 표현하고 있는지를 가늠할 수 있는 간접적 단서로 기능할 수 있어, 등급별 작문 능력의 차이를 비교·분석하는 데 유의미한 기준이 된다. 이를 기반으로, 중국인 학습자의 한국어 등급별 작문에 나타난 표층 구조 측정치의 평균은 아래 〈표 10〉과 같다.

〈표 10〉 한국어 학습자 숙달도별 텍스트 표층 구조 분석 결과

	3급	4급	5·6급
어휘 수	159.86	155.22	195.2
문장 수	13.43	13.44	18.8
평균 어휘 길이	2.84	2.80	2.79
평균 문장 길이	12.19	11.71	12.29

먼저, 어휘 수와 문장 수를 살펴보면, 3급과 4급에 속하는 학습자들의 평균 측정치는 5·6급 학습자 집단에 비해 상대적으로 낮은 것으로 나타났다. 이는 고급 수준의 한국어 학습자들이 동일한 주제에 대해 더 많은 어휘를 활용하고, 더 많은 문장을 구성하여 자신의 생각을 보다 풍부하게 표현하고 있음을 시사한다. 즉, 숙달도가 높아질수록 어휘 선택의 폭이 넓어지고, 사고의 단위가 보다 세분화되어 텍스트 전개가 다채롭게 이루어지는 경향을 보여준다.

한편, 평균 어휘 길이는 숙달도에 따른 뚜렷한 차이를 보이지 않았으며, 3급에서 5·6급으로 갈수록 소폭 감소하는 양상이 확인되었다. 이는 상위 등급의 학습자들이 상대적으로 짧은 단어를 더 많이 활용하고 있을 가능성을 시사하는데, 이들은 기능어, 접속어, 보조 용언 등 문법적 단위를 보다 효율적으로 구사함으로써 의미 전달을 정교하게 수행하고 있을 수 있다.

흥미로운 점은 평균 문장 길이의 측면에서 5·6급 학습자의 측정치가 가장 높게 나타났으나, 3급 학습자의 평균 문장 길이도 4급보다 오히려 길게 나타났다는 점이다. 특히, 3급과 4급 학습자들은 문장 수에서는 거의 유사한 값을 보였음에도 불구하고, 3급 학습자가 평균적으로 더 긴 문장을 작성한 것으로 나타났다. 이러한 결과는 3급 학습자들이 하나의 문장 안에 보다 많은 정보를 담아 문장을 확장했을 가능성을 시사한다. 다

만, 이와 같은 수치적 차이가 반드시 문장 구성 전략의 차이나 담화 능력의 발달 수준을 직접적으로 반영한다고 단정짓기는 어렵다. 평균 문장 길이의 증가는 학습자의 표현 방식, 과제 해석 방식, 또는 특정 어휘 선택 경향 등 다양한 요인의 영향을 받을 수 있기 때문이다. 따라서 3급 학습자들의 평균 문장 길이가 4급보다 길게 나타난 현상은 문장 분절 전략의 미성숙이나 의미 단위 구성의 전략적 차이와 관련이 있을 가능성을 제기할 수 있으나, 보다 구체적인 해석을 위해서는 이후 제시될 어휘 및 통사 수준에서의 분석 지표들을 함께 검토할 필요가 있다.

2.2. 어휘 특성

어휘 특성 범주에 속하는 대표적인 측정치인 어휘 빈도와 타입-토큰 비율은 텍스트에 포함된 전체 어휘뿐만 아니라 내용어를 기준으로도 산출된다. 어휘 빈도는 특정 단어가 실제 언어 사용에서 얼마나 자주 등장하는지를 나타내는 지표로, 고빈도 어휘가 많이 사용된 텍스트일수록 일반적으로 독자에게는 낮은 난도로 평가될 수 있으나, 해당 텍스트를 작성한 학습자 측면에서는 실제 사용 빈도가 높은 표현을 적절히 구사하고 있다는 점에서 작문 숙련도의 한 측면으로 해석될 수 있다. 한편, 타입-토큰 비율은 텍스트에 사용된 어휘의 다양성을 반영하는 지표로, 이 비율이 높을수록 더 다양한 어휘가 활용되었음을 의미한다. 이는 독자의 입장에서는 인지적 부담이 증가할 수 있는 요소이나, 글쓴이의 입장에서는 풍부한 어휘 자원을 동원해 의미를 정교하게 전달하고자 하는 표현 역량의 지표로 간주될 수 있다. 즉, 이러한 어휘 특성 지표들은 텍스트의 난이도를 설명하는 데 그치지 않고, 학습자의 언어적 표현 능력과 작문 전략을 반영하는 데에도 중요한 의미를 지닌다. 이에 따라, 각 한국어 등급별 어휘 특성 측정치의 평균값은 아래 〈표 11〉에 제시하였다.

〈표 11〉 한국어 학습자 숙달도별 어휘 특성 분석 결과

	3급	4급	5·6급
전체 어휘 빈도	2192.55	2876.53	3052.91
전체 로그 변환 어휘 빈도	6.09	6.07	6.15
내용어 어휘 빈도	1979.52	2655.58	2824.58
내용어 로그 변환 어휘 빈도	6.01	5.98	6.08
전체 타입-토큰 비율	0.87	0.87	0.86
내용어 타입-토큰 비율	0.87	0.86	0.86

제시된 어휘 특성 분석 결과를 바탕으로 한국어 학습자의 숙달도 수준에 따른 작문 양상을 해석하면 다음과 같다. 우선, 전체 어휘 빈도와 내용어 어휘 빈도는 모두 3급, 4급, 5·6급 순으로 점진적으로 증가하였다. 이는 상위 등급의 학습자일수록 그들이 작성한 텍스트에는 고빈도 어휘들이 많이 포함되었음을 의미한다. 특히 내용 전달에 핵심적인 역할을 하는 내용어의 빈도 또한 한국어 등급이 높을수록 점차 그 값이 커지는 경향이 있음을 확인하였다. 이는 앞선 텍스트 표층 구조 산출치와 연계하여 봤을 때, 고급 학습자 집단은 더 많은 어휘 수를 사용하였기 때문에 구체적이고 정교한 의미를 전달하고자 보다 풍부한 어휘 자원을 활용하여 다양한 어휘를 적극적으로 산출한 것으로 해석할 수 있다. 이때, 상위 숙달도 학습자들이 전체 어휘 빈도가 높은 이유는 단순히 더 많은 단어를 나열했기 때문이 아니라, 자신의 주장을 보다 효과적으로 전달하기 위한 전략적 선택의 결과일 수 있다. 이들은 독자의 이해 가능성을 고려하여 비교적 쉬운 고빈도 어휘를 활용함으로써, 의미의 전달력을 높이고 의사소통의 효율성을 확보하고자 했을 가능성이 있다. 이러한 경향은 숙달도 높은 학습

자들이 단순히 언어적 자원을 많이 보유하고 있는 것을 넘어, 독자의 입장을 고려한 청자 중심적 담화 전략을 사용할 수 있는 인지적 여유와 담화 조정 능력을 갖추고 있음을 보여준다.

한편, 어휘의 다양성을 나타내는 타입-토큰 비율(type-token ratio)의 경우, 전체 어휘와 내용어 모두에서 숙달도 등급 간 뚜렷한 차이는 나타나지 않았다. 이러한 결과는 한국어 숙달도가 높아지더라도 어휘의 다양성은 일정한 수준으로 유지되었음을 의미한다. 즉, 상위 등급의 학습자들이 더 많은 어휘를 사용하긴 했지만, 그만큼 동일한 어휘를 반복적으로 사용하는 경향도 함께 증가한 것으로 해석할 수 있다. 이는 학습자들이 동일한 주제를 바탕으로 글을 작성했기 때문에 핵심 어휘의 반복이 불가피했을 가능성을 시사하며, 동시에 숙달도와 무관하게 유사한 어휘 전략을 사용했을 가능성도 배제할 수 없다. 이러한 결과는 중국인 한국어 학습자들이 전체적인 담화 맥락을 구성함에 있어 반복적 어휘 사용을 통해 응집력을 확보하고자 하는 경향은 공통적으로 나타나지만, 그 과정에서 사용된 어휘의 질적 측면에서는 등급 간 차이가 존재할 수 있음을 시사한다.

2.3. 내용어

본 절에서는 중국인 한국어 학습자의 한국어 숙달도에 따른 제2언어 글쓰기에서 나타나는 작문 전략과 표현 양상을 보다 정교하게 파악하기 위해, 작성된 텍스트에 포함된 어휘의 유형별 특성 또한 함께 분석하였다. DEUS 시스템에서 제공하고 있는 측정치 범주 중 내용어는 문장 혹은 텍스트의 주요 의미를 전달하는 기능을 담당하는 어휘의 출현 빈도값을 제공하여, 이들이 전체 어휘 사용 중 어느 정도의 비중을 차지하는지를 수치적으로 파악할 수 있게 한다. 내용어는 문장의 핵심 의미를 구성하는 명사, 동사, 형용사, 부사와 같이 실질적인 의미를 지닌 어휘군으로, 일반적으로 100개 어휘당 출현 비율로 산출된다. 이를 통해 연구자는 학습자가 정보 전달 중심의 작문을 수행하였는지 혹은 수식(修飾)이 강화된 전략을 사용하는지를 간접적으로 유추할 수 있으며, 의미 구성에서의 핵심 어휘 활용 능력과 표현의 전략적 측면을 함께 살펴볼 수 있다. 예컨대, 명사와 동사의 사용 비중이 높다는 것은, 학습자가 정보 전달의 중심이 되는 의미 기반 어휘를 주로 활용하고 있음을 시사하며, 이는 직접적이고 사실 중심적인 서술 전략과 연관될 수 있다. 반면, 형용사와 부사는 수식 기능을 수행하는 어휘로, 이들의 사용 비중이 높을 경우 세부적 묘사, 서술의 생동감 부여 등과 같은 수사적 전략을 적극적으로 활용하고 있음을 나타낼 수 있다. 따라서 내용어의 유형별 분포를 분석하는 것은 단순한 어휘 수준의 비교를 넘어, 학습자가 어떤 의미 구성 전략을 취하고 있는지를 파악할 수 있는 실질적 근거를 제공한다. 이를 기반으로, 각 한국어 등급별 내용어 출현 빈도의 평균값은 살펴보면 아래 〈표 12〉와 같다.

〈표 12〉 한국어 학습자 숙달도별 내용어 분석 결과

	3급	4급	5·6급
명사	44.56	41.86	39.78
동사	7.70	8.78	6.54
형용사	2.95	3.24	3.25
부사	4.30	4.19	3.33

제시된 표를 바탕으로 중국인 한국어 학습자의 숙달도에 따른 내용어 사용 양상을 살펴보면, 명사와 부사는 숙달도가 높아질수록 사용 빈도가 감소하는 경향을 보였다. 한편, 형용사는 다른 내용어들과 달리 숙달도가 높은 집단에서 소폭 증가하는 양상을 보였다. 이는 상위 숙달도의 학습자

들이 서술의 정밀성을 높이거나 평가적·묘사적 표현을 보다 적극적으로 활용하려는 경향과 관련이 있을 수 있다. 이러한 결과는 일반적으로 한국어 숙달도가 상승하면 텍스트의 핵심 의미를 구성하는 내용어의 사용이 증가할 것이라는 직관적인 예측과는 상반된 양상으로, 오히려 상위 숙련자일수록 주요 내용어의 절대 사용량이 줄어드는 모습을 보여준다.

이러한 현상은 고급 학습자들이 문장을 구성할 때 단어 자체의 양적 확대보다는, 조사나 보조 용언과 같은 기능어의 정교한 사용을 통해 의미를 응집력 있게 구성하고, 담화 내 논리적 흐름을 보다 유창하게 조절할 수 있는 가능성을 제기해 볼 수 있다. 예를 들어, 초급 학습자가 '친구, 영화, 재미있다'와 같은 명사 중심의 단편적인 표현을 사용할 가능성이 높은 반면, 고급 학습자는 '친구와 함께 본 영화는 상당히 흥미로웠다'와 같이 문법적 요소와 기능어를 활용하여 더 정교하고 자연스러운 문장을 산출하게 된다. 이때 두 문장의 전체 정보량은 유사할 수 있으나, 내용어의 수는 오히려 후자의 경우 더 적거나 유사한 수준에 머물 수 있다. 이러한 점에서 볼 때, 내용어 사용의 감소는 오히려 언어적 미숙함을 반영하는 것이 아니라, 표현의 압축성, 기능어의 활용 능력, 그리고 담화 전략의 성숙도를 나타내는 하나의 지표로도 이해될 수 있다.

흥미로운 점은 동사의 사용 빈도가 4급 학습자 집단에서 가장 높게 나타났고, 그 다음으로는 3급, 5·6급 학습자 순으로 나타났다는 것이다. 이는 한국어 숙달도의 향상에 따라 동사의 사용이 일관되게 증가하거나 감소하는 것이 아니라, 중급 단계에서 일시적으로 가장 높은 수준을 보이는 비선형적인 양상을 띤다는 점에서 주목할 만하다.

이러한 결과는 4급 학습자들이 초급 단계에서 벗어나 보다 폭넓고 세부적인 표현을 시도하는 과도기적 언어 발달 단계에 놓여 있음을 시사한다. 이 시기의 학습자들은 새롭게 습득한 동사를 활용해 자신의 사고와 감정을 보다 구체적이고 풍부하게 전달하고자 하며, 이에 따라 동사의 사용 빈도도 일시적으로 증가하는 경향을 보이는 것으로 해석할 수 있다. 반면, 고급에 해당하는 5·6급 학습자들은 보다 간결하고 효율적인 언어 사용 전략을 구사하게 되면서, 불필요한 부사나 반복된 동사의 사용을 의도적으로 줄이고, 대신 의미를 보다 압축적으로 전달하는 경향을 보인다. 이는 고급 학습자들이 단순히 어휘를 많이 사용하는 것이 아니라, 담화 조직 능력과 표현의 전략성 측면에서 더욱 정교화된 언어 수행을 보이고 있을 수 있음을 시사한다.

결국, 동사의 사용 빈도가 중급에서 일시적으로 상승한 뒤 다시 감소하는 이러한 패턴은, 학습자의 표현 전략이 숙달도에 따라 어떻게 변화하는지를 보여주는 중요한 지표로 해석될 수 있다. 즉, 4급 학습자들은 표현의 확장 단계에 있고, 5·6급 학습자들은 표현의 정밀성과 간결성을 추구하는 단계로 이행한 결과라 할 수 있다.

이와 같은 내용어 사용 양상의 차이는 학습자의 목표어 숙달도에 따라 글쓰기에서 나타나는 표현 전략의 차별화가 존재함을 시사하는 중요한 증거로 해석될 수 있다. 특히 명사, 형용사, 동사, 부사와 같이 핵심 의미를 전달하는 어휘의 사용 방식은, 학습자가 정보를 어떻게 조직하고 어떤 방식으로 전달하고자 하는지를 반영하는 지표로 기능한다. 따라서 이러한 내용어 측정치는 학습자의 언어 능력을 정량적으로 진단하는 데 유용하며, 등급별 작문 특성을 체계적으로 파악하는 데에도 실질적인 기반 자료로 활용될 수 있다. 나아가, 목표어 습득 과정에서 학습자가 채택하는 어휘 전략의 유형을 분석함으로써, 학습자 중심의 작문 지도 방안을 구체화하거나 숙달도에 따른 평가 기준을 정교하게 정립하는 데에도 기초 자료로 기여할 수 있을 것이다.

2.4. 통사 구조

다음으로, 중국인 학습자의 에세이에 나타난 통사적 측면을 살펴보면 다음과 같다.

〈표 13〉 한국어 학습자 숙달도별 통사 구조 분석 결과

	3급	4급	5·6급
수식언 비율	0.14	0.14	0.14
문장 성분 비율	0.85	0.85	0.88
관형절 비율	0.06	0.08	0.05

먼저, 텍스트 내 전체 어휘 중 형용사와 부사에 해당하는 수식언이 차지하는 비율, 즉 수식언 비율 측정치는 한국어 숙달도 등급에 따른 뚜렷한 차이를 보이지 않았다. 그러나 형용사와 부사의 개별 사용 비율은 등급 간 유의미한 차이를 보였으며, 이들이 합산된 수식언 비율에서 차이가 사라진 것은 두 품사의 사용 변화가 서로 상쇄되었거나, 전체 어휘 수 대비 변화 폭이 작았기 때문일 수 있다. 다시 말해, 학습자들의 수식언 사용 전략은 숙달도에 따라 달라졌지만, 총합 지표인 수식언 비율에는 그 차이가 반영되지 않았을 가능성이 높다.

문장 성분 비율은 문장 내 개별 어휘가 포함된 상위 통사 구조의 개수를 평균하여 산출한 수치로, 이 값이 높을수록 문장이 보다 정교하고 복잡한 통사 구조로 구성되어 있음을 의미한다. 분석 결과에 따르면, 3급 및 4급 학습자에 비해 5·6급 학습자 집단의 문장 성분 비율이 상대적으로 높게 나타났으며, 이는 언어 숙달도가 높아질수록 통사적으로 더 복잡한 문장을 산출한다는 선행 연구의 결과와 일치한다(Liontou, 2022). 다시

말해, 고급 학습자들은 문장 구성의 복잡성을 확보하고 있음을 보여준다.

2.5. 참조 정합성

참조 정합성은 텍스트를 구성하는 개별 문장 혹은 구성요소들 간의 언어적 연결성(linguistic linking)을 의미하며, 텍스트 내에서 주제 통일성과 의미적 일관성을 유지하는 데 핵심적인 요소로 간주된다. DEUS 시스템은 이러한 참조 정합성을 평가하기 위해, 인접 문장 간 명사의 반복 빈도 및 문서 전체에 걸친 명사 반복률을 정량적으로 산출한다. 이러한 측정치는 텍스트가 얼마나 일관되게 중심 주제를 유지하며 전개되는지를 평가하는 데 중요한 근거를 제공하며, 결과적으로 텍스트의 담화적 응집력을 진단하는 데 유용한 지표로 기능한다. 이에 따라 중국인 한국어 학습자의 숙달도 향상에 따른 한국어 에세이의 담화적 특성을 참조 정합성을 통해 탐색할 수 있다.

〈표 14〉 한국어 학습자 숙달도별 참조 정합성 분석 결과

	3급	4급	5·6급
인접 문장 간 명사 반복	0.70	0.52	0.64
전체 문장 간 명사 반복	0.49	0.41	0.51

분석 결과, 인접 문장 간 명사 반복 측정치의 경우, 한국어 숙달도 3급 학습자 집단이 가장 높은 값을 나타냈으며, 그 다음으로는 5·6급, 4급 집단의 순으로 측정치가 높게 나타났다. 전체 문장 간 명사 반복 측정치에 있어서도 3급과 5·6급 집단은 유사한 수준을 보인 반면, 4급 집단은 상대적으로 현저히 낮은 반복률을 나타냈다.

이러한 결과는 3급 학습자들이 낮은 한국어 숙달도로 인해 인접한 문장 간 동일 명사를 반복함으로써 텍스트 내 응집성을 확보하려는 전략을 취했음을 시사한다. 명사 반복은 초급 학습자에게 있어 접근 가능한 응집 전략으로, 제한된 어휘력을 보완하고 담화의 일관성을 유지하는 데 유용하게 작용할 수 있다.

반면, 4급 수준의 중급 학습자들은 문장 구성 능력이 향상되었음에도 불구하고, 담화 차원의 응집 전략은 아직 안정적으로 확립되지 않은 과도기적 단계에 있는 것으로 해석할 수 있다. 이들은 동일 명사를 반복하기보다는 다양한 표현을 시도하거나, 대명사와 같은 다른 담화적 연결 장치를 사용하는 경향을 보였을 가능성이 있다. 그러나 이러한 시도는 오히려 참조 연결을 약화시켜 결과적으로 정합성이 낮아지는 결과로 이어졌을 수 있다.

실제로 각 집단의 대명사 사용 빈도를 비교한 결과, 4급 학습자 집단이 가장 높은 빈도를 보였다. 이는 중급에서 고급 수준으로 이행하기 직전 단계에 있는 4급 학습자들이 다른 집단과는 상이한 담화 구성 전략을 채택하고 있었음을 방증하는 결과로 해석될 수 있다.

〈표 15〉 한국어 학습자 숙달도별 전체 대명사 비율 분석 결과

	3급	4급	5·6급
전체 대명사 비율	0.42	1.09	0.50

한편, 5·6급 수준의 고급 학습자 집단은 인접 문장 및 전체 문장 간 명사 반복 측정치에서 3급 학습자와 유사하거나 중간 수준의 반복률을 보였다. 구체적으로, 인접 문장 간 명사 반복은 3급 학습자 집단에 비해 다소 낮았으나 전체 문장 간 명사 반복은 3급 학습자 집단과 거의 유사한

수준인 것으로 나타났다. 이러한 결과와 위 〈표 15〉에서 제시한 전체 대명사 사용 비율의 결과를 종합하면, 고급 학습자들이 의도적으로 명사 반복과 대체 전략(예: 대명사, 생략 등)을 균형 있게 활용함으로써, 의미적 응집력을 유지하면서도 자연스럽고 유창한 담화 흐름을 구현하고자 했음을 알 수 있다.

즉 5·6급 학습자들은 반복을 단순한 기계적 전략으로 사용하는 것이 아니라, 담화 맥락에 적절하게 조절하며 참조 정합성을 유지하는 고차원적인 담화 능력을 보유하고 있는 것으로 해석할 수 있다. 이러한 전략은 텍스트의 정합성과 유창성을 동시에 확보하는 데 기여하며, 이는 해당 수준 학습자의 고급 담화 능력의 한 양상으로 볼 수 있다.

본 절에서는 중국인 한국어 학습자의 작문에서 텍스트 표층 구조, 어휘 특성, 통사 구조, 참조 정합성 등 다양한 언어 지표를 종합적으로 분석하여 숙달도에 따른 언어 사용 전략의 차이를 살펴보았다. 분석 결과, 상위 숙달도 집단일수록 더 많은 어휘와 문장을 사용하여 내용 표현이 풍부해지는 경향을 보였으며, 고빈도 어휘를 전략적으로 활용해 의사소통의 효율성을 높이는 청자 중심적 담화 전략을 사용하는 모습을 보였다. 반면, 어휘의 다양성(type-token ratio)은 숙달도 간 차이를 보이지 않았고, 핵심 내용어에 해당하는 명사, 동사, 부사의 사용 빈도는 오히려 고급 학습자에서 감소하는 양상을 보여, 표현의 압축성과 기능어 활용 능력이 높아졌음을 시사하였다. 통사 구조 측면에서는 고급 학습자에서 문장 성분 비율이 가장 높게 나타나 통사적으로 보다 복잡한 문장을 구성하는 경향이 관찰되어 언어적 숙달도의 발달에 따라 통사적 복잡성이 향상되는 결과를 보였다. 참조 정합성 분석에서는 초급 학습자가 명사 반복을 활용해 응집성을 확보하려는 반면, 중급 학습자는 다양한 연결 표현을 시도하면서 정합성이 오히려 저하되는 현상이 나타났다. 고급 학습자는 명사 반복과 대명사 활용을 균형 있게 조절하여 유창하면서도 일관된 담화를 구성하는 전략적 담화 능력을 보여주었다. 이와 같이, 중국인 학습자의 한국어 숙달도에에 따른 작문 특성은 단순한 언어 지표의 증가나 감소가 아니라, 표현의 전략성과 담화적 조절 능력의 발달로 나타나는 질적 변화로 해석될 수 있다.

이와 같은 결과는 하나의 주제를 중심으로 구성된 제한된 범위의 텍스트 자료를 분석 대상으로 삼았다는 점에서, 도출된 결과를 전체 한국어 학습자 집단의 언어 사용 특성으로 일반화하는 데에는 일정한 한계가 존재한다. 그럼에도 불구하고, 다양한 수준의 학습자들이 작성한 에세이에 대한 DEUS 기반의 정량적 분석을 통해, 해당 시스템이 학습자의 작문 특성과 언어 전략을 다각도로 조망할 수 있는 신뢰성 있는 분석 도구로서의 가능성을 지니고 있음을 확인할 수 있었다. 특히 DEUS에서 제공하는 세부 언어 지표들은 학습자의 문어 표현 능력을 구조적·기능적 차원에서 정밀하게 진단할 수 있게 하며, 향후 한국어 작문 교육 및 평가에서의 실증적 자료 기반 도구로서의 활용 가능성을 제시한다는 점에서 학술적·교육적 의의가 크다.

특히 기존의 제2언어 학습자 작문 연구는 어휘, 통사, 담화 등 일부 언어적 차원에 국한되거나, 특정 언어 현상에 초점을 맞춘 단편적 분석에 머무르는 경향이 있었다. 이에 비해 DEUS 시스템은 다양한 언어 수준의 지표들을 통합적으로 제공함으로써, 어휘적 다양성, 문장 구조의 복잡성, 담화적 응집성 등 언어 사용의 다층적인 측면을 종합적으로 분석할 수 있는 가능성을 제시한다. 이러한 점에서 DEUS는 제2언어 작문 분석의 범위와 깊이를 확장시키는 데 기여할 수 있으며, 제2언어 학습자의 언어 발달을 보다 정교하고 체계적으로 이해하는 데 유용한 도구로 활용될 수 있을 것으로 기대된다.

3. 한국어능력시험(TOPIK) 읽기 영역 지문의 난이도 분석[1]

한국어능력시험(TOPIK, Test of Proficiency in Korean, 이하 TOPIK)은 매년 그 응시자 수가 늘어나는 추세이다. TOPIK은 유학 시 입학 조건, 한국 직장에서의 취직 조건 등의 여러 상황에서 활용될 수 있는 공신력 있는 시험이기 때문이다. 그 응시자 수의 추이를 연도별로 살펴보면 아래와 같다.[2]

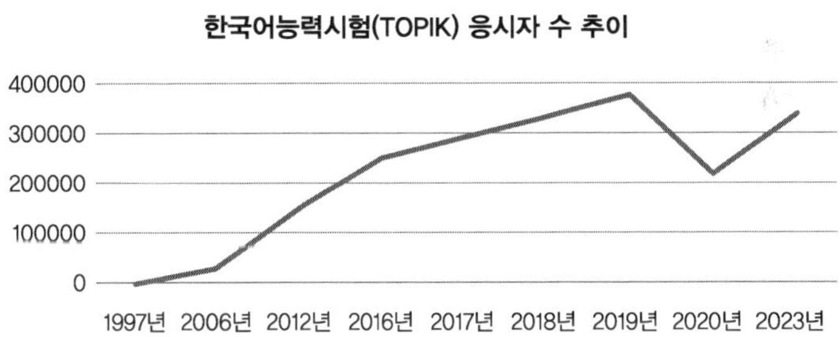

〈그림 18〉 한국어능력시험의 응시자 수 추이

이러한 중요성을 가지는 TOPIK이 합목적적으로 시행되어 가기 위해서는 평가의 타당도와 신뢰도가 뒷받침되어야 할 것이다. 타당도와 신뢰도를 높이기 위해서는 회차 간의 난이도, 수준별 난이도의 양상을 살피는 것이 필요하다. TOPIK 평가에서는 난이도의 일정한 유지가 평가의 신뢰도와 액면 타당도 확보 측면에서 매우 중요한 과제이다(신정하, 2016:43). 읽기나 듣기 지문에 포함된 텍스트의 언어적 특징을 다양한 관점에서 분석하는 일은 시험의 난이도를 추정하는 하나의 근거가 될 수 있다.

1 3의 내용은 장채린 & 전문기(2024a)의 분석 대상이 되는 TOPIK 읽기 지문을 기반으로 하여 작성되었다.

2 1998~2005년, 2007~2011년, 2021~2022년의 통계 자료는 찾을 수 없었음.

그러나 TOPIK 시험의 중요성과 읽기 영역 난이도 연구의 필요성에도 불구하고, 개편된 TOPIK 텍스트를 대상으로 한 난이도 연구는 매우 제한적이었다(김지연, 2017; 모엽청, 2018; 신정하, 2016). 기존 연구들도 대부분 난이도 분석에서 해외의 이독성 지표, 특히 Dale-Chall 공식을 주로 활용하는 경향을 보여 왔다(김장식, 2011, 2012; 김현아, 2017). 앞으로는 난이도 요인을 보다 다양하게 검토하여 텍스트를 분석함으로써, 향후 평가 도구의 난이도 조정에 실질적인 시사점을 제공할 필요가 있다. DEUS를 이용한 난이도 분석이 이루어진다면 난이도 요인을 조금 더 다양하게 살펴 텍스트를 분석할 수 있으므로 향후의 평가 도구의 난이도 조정에 시사점을 제공해 줄 수 있을 것으로 보인다.

이에 본서에서는 2014년부터 2022년까지 TOPIK 홈페이지에 공개된 읽기 기출 문제의 지문을 대상으로 DEUS 시스템에 적용하여 텍스트 복잡도를 살펴보고자 한다. 2014~2022년 동안 초급에 해당하는 실력을 측정하는 TOPIK I과 중급 이상을 측정하는 TOPIK II의 여러 텍스트 지표들을 표로 제시하여 비교하여 살펴보겠다.

분석 대상인 TOPIK 읽기 텍스트의 시의성을 확보하고, 난이도를 보다 정교하게 분석하기 위해 다음과 같은 절차를 거쳐 난이도를 기술하고자 한다. 먼저, TOPIK 공식 웹사이트 자료실에 공개된 시험 중 2014년 개편 이후 시행된 35회차부터 2024년 3월 현재 공개된 최신 83회차까지의 읽기 영역 텍스트를 수집하여 말뭉치를 구축한다. 이어서, 이 말뭉치를 DEUS로 분석하여 어휘와 문장의 수·길이와 같은 표층 요인, 어휘 빈도·다양성, 대명사 및 심성 어휘 사용과 같은 어휘적 요인, 수식언 비율과 문장 성분 비율과 같은 통사적 요인, 참조 정합성 및 접속 부사 사용 양상과 같은 담화적 요인을 지표로 삼아 텍스트 난이도를 비교·기술한다.

3.1. 텍스트 표층 구조

앞서 설명한 바와 같이 텍스트의 표면적 특성에는 어휘 및 문장의 수, 평균 어휘 길이, 평균 문장 길이가 해당된다. 어휘 및 문장의 수가 많을수록, 어휘 길이 및 문장의 길이가 길수록 복잡도가 높아지며 이에 따라 난도 또한 높아진다고 볼 수 있다. 우선 결과치 해석의 용이성을 위하여, DEUS를 통해 산출된 어휘 수와 문장 수를 막대 그래프로 나타내어 2014~2022년 추이를 살펴보겠다.

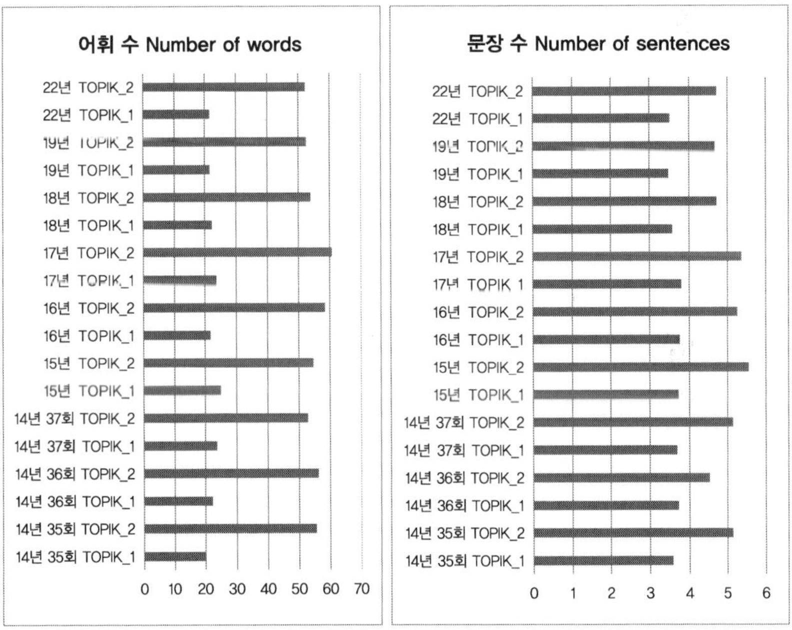

〈그림 19〉 2014~2022년 TOPIK 읽기 지문의 어휘 수, 문장 수 추이

위의 〈그림 19〉를 보면 초급 수준의 TOPIK 1과 중급 이상의 TOPIK 2의 차이가 어휘 수와 문장 수에 있어서 확연히 있는 것을 알 수 있다. 이

는 각 시험마다 설정되어 있는 한국어 숙달도를 떠올려 볼 때 합리적인 것이라 판단될 수 있다. 한편, 2014~2022년 간의 어휘 수와 문장 수 차이가 크지 않고 일정하게 유지되고 있음을 알 수 있다. 이는 시험의 일관성을 위하여 필요한 조건인데 시험 회차마다 적정 어휘 수, 문장 수가 적절히 통제되고 있다고 볼 수 있다.

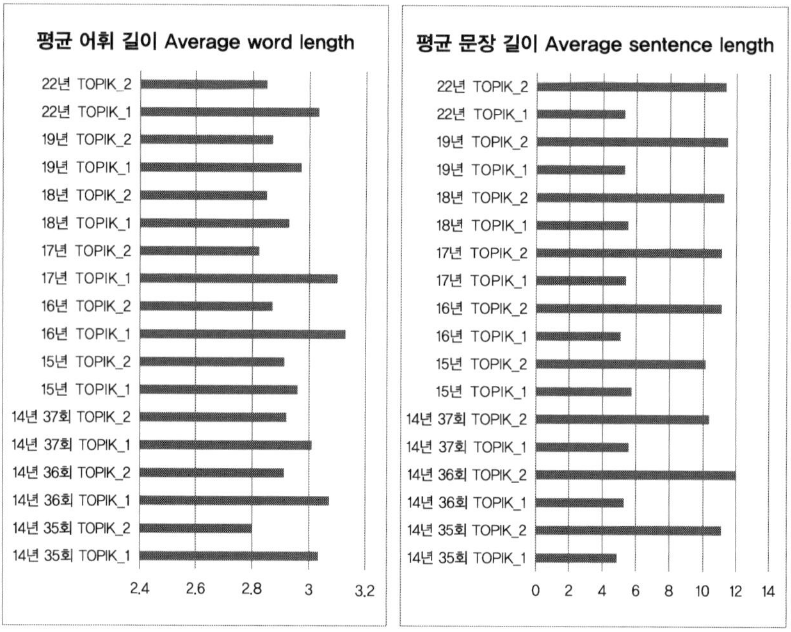

〈그림 20〉 2014~2022년 TOPIK 읽기 지문의 평균 어휘 길이 및 평균 문장 길이

다음으로 평균 어휘 길이와 평균 문장 길이를 살펴보겠다. 위의 〈그림 20〉을 보면 평균 문장 길이는 TOPIK 2가 TOPIK 1에 비해 훨씬 길다는 것을 알 수 있다. 보통 문장 길이가 길면 이해하는 데 있어서 인지적인 부담이 늘어나므로 난도가 높아지는데, 각 시험에서 의도한 난이도와 일치하는 결과라 할 수 있다.

한편 평균 어휘 길이를 나타낸 좌편의 그래프를 보면 TOPIK 2보다 TOPIK 1의 평균 어휘 길이가 훨씬 긴 것을 알 수 있다. 비록 15년도에 TOPIK 1과 TOPIK 2의 차이가 그렇게 크지 않고 비등하기는 하지만 모든 회차의 시험에서 TOPIK 2에 비해서 TOPIK 1의 평균 어휘 길이가 짧은 결과가 나왔다. 일반적으로 어휘 길이가 길수록 텍스트 이해의 난도는 상승하는 경향이 있는데(류지수 & 전문기, 2020a), 왜 이러한 결과가 나타난 것일까? 이는 한국어의 장르적·문법적 특성에서 비롯된 것으로 해석할 수 있다. 실제 텍스트를 확인해 보면, 대체로 TOPIK I 지문은 '-ㅂ/습니다' 종결형을 사용하고 있었으며, TOPIK II 지문은 '-ㄴ/는다' 종결형을 사용하고 있었다. 한국어교육 현장에서는 학습자가 문어체 종결어미를 배우기 전까지 교육적으로 '-ㅂ/습니다' 형태를 종결형으로 쓰도록 지도한다. 따라서 TOPIK I의 문장은 비대면적 상황의 문어임에도 불구하고 '-습니다'로 끝나는 경향이 나타나며, 이러한 점이 곧 결과에 영향을 준 것으로 볼 수 있다.

3.2. 어휘 특성

텍스트에 출현한 각 어휘가 가진 빈도는 난이도 판정에 직결되는 핵심적인 언어적 요인이다(Graesser et al., 2007). 일반적으로 텍스트에 저빈도 어휘(low-frequency words)가 많을수록 난도가 높아지는 경향이 나타난다(류지수 & 전문기, 2020a).

〈표 16〉 2014~2022년 TOPIK 읽기 지문에 출현한 어휘 빈도

연도별, 회차별 시험	전체 어휘 빈도	전체 로그변환 어휘 빈도	내용어 어휘 빈도	내용어 로그변환 어휘 빈도
14년 35회 TOPIK_1	4533.73	6.67	3514.63	6.38
14년 35회 TOPIK_2	3657.09	6.11	2757.08	5.94
14년 36회 TOPIK_1	3824.95	6.51	3012.64	6.32
14년 36회 TOPIK_2	3600.07	5.93	2461.83	5.73
14년 37회 TOPIK_1	3482.67	6.38	2739.89	6.19
14년 37회 TOPIK_2	3156.27	5.92	2253.25	5.74
15년 TOPIK_1	4526.66	6.88	3663.31	6.67
15년 TOPIK_2	3343.38	6.00	2422.85	5.81
16년 TOPIK_1	3370.90	6.21	2578.12	6.04
16년 TOPIK_2	3542.82	6.01	2307.80	5.79
17년 TOPIK_1	3635.75	6.28	3219.74	6.24
17년 TOPIK_2	4254.44	6.11	2503.66	5.80
18년 TOPIK_1	3487.38	6.55	3305.97	6.47
18년 TOPIK_2	2942.61	5.80	2295.33	5.66
19년 TOPIK_1	4090.33	6.80	3302.04	6.67
19년 TOPIK_2	3059.80	5.90	2194.26	5.73
22년 TOPIK_1	3245.72	6.49	2581.71	6.32
22년 TOPIK_2	3291.87	6.05	2520.84	5.87

DEUS 시스템에서는 국립국어원에서 구축한 어휘 빈도 데이터베이스(김한샘, 2005)를 기반으로 텍스트에 포함된 어휘의 빈도를 산출한다. 또한 DEUS 시스템이 산출하는 어휘 빈도 값은 로그함수를 통해 대수 변환된 값으로 제시된다. 일반적으로 원자료인 빈도 값들의 분포는 정규성을 띠지 않지만, 로그 변환을 거치면 정규분포에 가까운 형태를 보이게 된다(Graesser et al., 2007). 이에 따라 DEUS 시스템은 일반선형모형(general linear model)을 활용한 통계 분석이 가능하도록 대수 변환된 빈도 측정치 값

들을 제공한다.

위의 〈표 16〉에 따르면 전체적으로 TOPIK 2 지문에는 TOPIK 1에 비해 저빈도 어휘가 더 많이 사용되었음을 알 수 있으며, 이는 설정된 어휘 난이도가 적정 수준으로 잘 통제되었음을 방증한다.

다음으로 어휘 풍요도를 산정하기 위해 DEUS 시스템이 제공하는 어휘 다양성 지표 측정치인, 내용어에 대한 타입-토큰 비율 값(type-token ratio)을 DEUS를 이용하여 산출하였으며, 그 결과는 아래 표에 제시되어 있다.

〈표 17〉 2014~2022년 TOPIK 읽기 지문의 타입-토큰 비율(TTR)

연도별, 회차별 시험	전체 타입-토큰 비율	내용어 타입-토큰 비율
14년 35회 TOPIK_1	0.92	0.91
14년 35회 TOPIK_2	0.89	0.90
14년 36회 TOPIK_1	0.93	0.94
14년 36회 TOPIK_2	0.90	0.91
14년 37회 TOPIK_1	0.89	0.89
14년 37회 TOPIK_2	0.91	0.93
15년 TOPIK_1	0.90	0.90
15년 TOPIK_2	0.89	0.91
16년 TOPIK_1	0.91	0.91
16년 TOPIK_2	0.91	0.91
17년 TOPIK_1	0.90	0.90
17년 TOPIK_2	0.87	0.89
18년 TOPIK_1	0.91	0.90
18년 TOPIK_2	0.91	0.92
19년 TOPIK_1	0.92	0.91
19년 TOPIK_2	0.90	0.92
22년 TOPIK_1	0.91	0.89
22년 TOPIK_2	0.90	0.91

일반적으로 타입-토큰 비율이 높을수록 다양한 어휘가 사용되었음을 의미하는데, 이에 따라 텍스트 난도 또한 높아지는 경향이 있다(Graesser et al., 2007). 그러나 〈표 17〉에 나타난 바와 같이, TOPIK 1과 TOPIK 2 읽기 지문은 타입-토큰 비율에 있어서 큰 차이를 보이지 않고 있는 것을 알 수 있다. 이러한 결과는 TOPIK 읽기 지문을 제작할 때 어휘 다양성과 같은 지표를 함께 고려할 필요가 있음을 시사한다.

3.3. 통사적 구조

DEUS 시스템을 통하여 수식언의 비율, 문장 성분의 비율, 관형절 수를 평균적으로 산출하여 연도별, 시험별로 제시하면 아래와 같다.

〈표 18〉 2014~2022년 TOPIK 읽기 지문의 통사적 지표

연도별, 회차별 시험	수식언 비율	문장 성분 비율	관형절 비율
14년 35회 TOPIK_1	0.08	0.71	0.02
14년 35회 TOPIK_2	0.07	0.89	0.04
14년 36회 TOPIK_1	0.06	0.75	0.02
14년 36회 TOPIK_2	0.06	0.90	0.05
14년 37회 TOPIK_1	0.08	0.76	0.02
14년 37회 TOPIK_2	0.06	0.88	0.04
15년 TOPIK_1	0.08	0.78	0.02
15년 TOPIK_2	0.07	0.88	0.04
16년 TOPIK_1	0.08	0.74	0.02
16년 TOPIK_2	0.06	0.89	0.05
17년 TOPIK_1	0.06	0.75	0.02
17년 TOPIK_2	0.07	0.89	0.05
18년 TOPIK_1	0.08	0.76	0.02

18년 TOPIK_2	0.07	0.89	0.05
19년 TOPIK_1	0.09	0.75	0.02
19년 TOPIK_2	0.06	0.89	0.04
22년 TOPIK_1	0.08	0.75	0.02
22년 TOPIK_2	0.07	0.89	0.04

수식언 비율은 텍스트에서 사용된 관형사와 부사의 비율을 의미한다. 이는 문장에 포함된 관형사와 부사의 수를 문장 길이의 영향을 통제하기 위해 해당 문장의 전체 어휘 수로 나눈 값이다. 일반적으로 텍스트에서 이러한 수식언 사용 비율이 높을수록 통사적 복잡성이 증가하며, 그 결과 텍스트의 난도 역시 높아진다(류지수 & 전문기, 2020a).

문장 성분 비율은 문장의 통사 구조를 나타내는 트리 구조(tree structure)에서 분기점, 즉 문장 성분을 표시하는 노드(node)의 수를 전체 어휘 수로 나눈 값으로 산출된다. 이 값이 높을수록 통사적 복잡성이 커지고, 그에 따라 텍스트 난도도 증가하는 경향을 보인다(류지수 & 전문기, 2020a).

관형절 수는 텍스트 길이의 영향을 통제하기 위해 비례식을 활용하여 산출된 값으로, 텍스트에 나타난 관형절의 수를 변환한 지표를 의미한다. 이때 비례식의 기준값은 100이며, 예를 들어 1,000개의 어휘로 이루어진 텍스트에 관형절이 10개 포함된 경우, 변환된 값은 1로 계산된다(1,000 : 10 = 100 : x).

위의 〈표 18〉의 결과에 따르면, 수식언 비율에서는 TOPIK 1과 TOPIK 2 간에 큰 차이를 보이고 있지 않다. 그러나 문장 성분 비율과 관형절 수 측정치에서는 일관된 차이가 확인되었는데, 구체적으로 보자면 TOPIK II 읽기 지문이 TOPIK I 지문보다 상대적으로 높은 값을 보이고 있는 것을 알 수 있다. 이는 TOPIK 1 지문의 문장 통사적 복잡성이 더 커지고, 결과적으로 난도 역시 상승할 수 있음을 시사한다. 따라서 해당 두 지표는 TOPIK 시험의 난이도 조절이 적절하게 이루어졌음을 보여준다. 다만, 향후 TOPIK 지문 구성에서는 보다 포괄적인 난이도 조절을 위해 관형사나 부사와 같은 수식언의 사용도 함께 고려될 필요가 있다.

아울러 연도별(회차별) 차이를 살펴보면, 수식언 비율에 있어서는 TOPIK 1은 대부분 0.06~0.09 사이에 분포하고, TOPIK_2는 0.06~0.07 정도에서 분포하는 것으로 매우 일정한 양상을 보인다. 또한 문장 성분 비율에 있어서도 TOPIK 1은 0.71~0.78 사이에서 분포하며, 연도별 변동 폭이 크지 않다. TOPIK 2도 항상 0.88~0.90 정도로 거의 고정되어 있다. 특히 TOPIK 2가 매우 일정한 것을 알 수 있다. 관형절 비율은 TOPIK 1은 모든 해에서 0.02로 완전히 동일하다. 다음으로 TOPIK 2는 0.04~0.05로 소폭 차이는 있으나, 연속된 시험들 간 일정한 범위 안에 있다. 따라서 전체적으로 보았을 때 연도별(회차별)로 거의 일정하게 이러한 요인의 수치들이 유지되고 있는 것을 알 수 있다.

3.4. 참조 정합성 분석

참조 정합성은 텍스트의 이해 난이도에 직접적인 영향을 미치는 핵심 요인이다. 이는 인접한 문장들 사이에서 공통적으로 사용된 명사에 의해 국소적으로(locally) 형성되거나, 한 문장과 텍스트 내의 다른 모든 문장들과의 관계에서 공통 명사를 통해 전역적으로(globally) 형성될 수 있다(류지수 & 전문기, 2020a). 일반적으로 참조 정합성이 높을수록 문장 이해의 난도는 낮아지는 경향을 보인다.

참조 정합성 분석 결과 수치를 토대로 연도별 추이 비교를 용이하게 하기 위하여 그래프로 제시하면 아래와 같다.

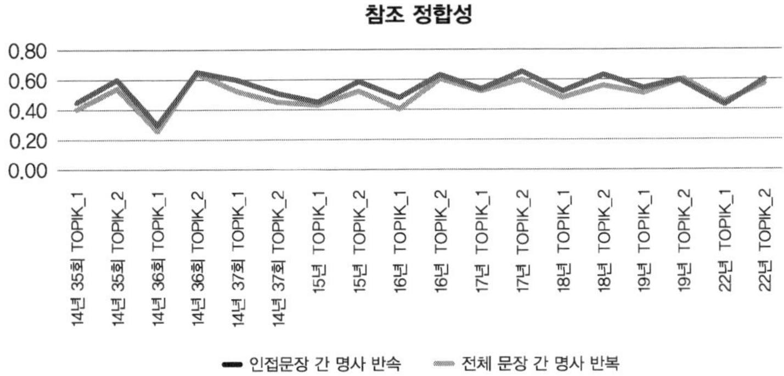

〈그림 21〉 2014~2022년 TOPIK 읽기 지문의 참조 정합성의 연도별 추이

위의 그래프 결과에 따르면 전체적으로 TOPIK 2의 문장 간 명사 반복의 비율이 TOPIK 1의 비율보다 높은 것을 알 수 있다. 이는 고급 시험일수록 문장 간 명사의 반복이 더 뚜렷하다는 점을 보여준다. TOPIK 2의 읽기 지문이 상대적으로 참조 정합성이 더 높다는 것을 알 수 있다. TOPIK 1 시험의 읽기 지문은 TOPIK 2에 비해 상대적으로 제한된 어절 수를 다루어야 하므로 그 안에서 문장 간 명사의 반복보다는 다른 기제로 텍스트의 응집성을 높이는 전략을 사용할 가능성이 있음을 시사한다.

한편 연도별로 봤을 때 TOPIK 2 읽기 지문의 문장 간 명사 반복률이 0.47~0.54 범위에서 매우 일정하게 유지되는 것을 알 수 있다. 그러나 TOPIK 1은 2014년 36회와 37회 시험의 읽기 지문의 참조 정합성 수치가 다소 일관되지 않게 나온 것을 알 수 있다.

3.5. 대명사 분석

대명사는 유형에 따라 텍스트 난이도에 서로 다른 영향을 미칠 수 있다. 예를 들어, 1인칭과 2인칭 대명사는 지칭 대상이 비교적 한정적이므로, 지칭 범위가 더 넓은 3인칭 대명사에 비해 텍스트 이해 난이도에 미치는 영향이 크지 않을 수 있다. 반면 3인칭 대명사는 지칭 대상이 다양하여 텍스트 이해를 어렵게 만드는 요인이 될 수 있다(류지수 & 전문기, 2020a).

대명사 분석 결과는 아래의 〈표 19〉에 제시하였다. TOPIK 1 읽기 지문에서는 상대적으로 1인칭 대명사가 더 많이 사용된 반면, TOPIK 2 읽기 지문에서는 3인칭 대명사의 사용이 두드러지는 특징이 나타났다.

〈표 19〉 2014~2022년 TOPIK 읽기 지문의 대명사 분석 결과

연도별, 회차별 시험	전체 대명사	1인칭 대명사	2인칭 대명사	3인칭 대명사
14년 35회 TOPIK_1	4.01	0.65	0.00	0.00
14년 35회 TOPIK_2	0.90	0.42	0.00	0.09
14년 36회 TOPIK_1	4.02	1.04	0.00	0.04
14년 36회 TOPIK_2	1.47	0.42	0.00	0.12
14년 37회 TOPIK_1	2.98	0.89	0.00	0.00
14년 37회 TOPIK_2	0.91	0.58	0.03	0.12
15년 TOPIK_1	4.50	1.08	0.00	0.00
15년 TOPIK_2	0.91	0.36	0.03	0.15
16년 TOPIK_1	4.45	1.15	0.00	0.00
16년 TOPIK_2	0.68	0.09	0.03	0.15
17년 TOPIK_1	6.05	1.35	0.00	0.00
17년 TOPIK_2	0.64	0.39	0.00	0.12
18년 TOPIK_1	4.84	0.81	0.00	0.00
18년 TOPIK_2	0.50	0.36	0.03	0.03
19년 TOPIK_1	5.03	0.85	0.00	0.00
19년 TOPIK_2	1.13	0.21	0.03	0.12
22년 TOPIK_1	6.68	1.12	0.00	0.00
22년 TOPIK_2	0.77	0.39	0.03	0.06

대명사 분석 결과, 3인칭 대명사의 사용으로 인해 TOPIK 2 읽기 지

문의 난도가 높아질 수 있음이 확인되었다. 반면, TOPIK 1은 한국어 초급 학습자를 대상으로 하기 때문에 지문이 상대적으로 이해하기 쉬운 '나'를 중심으로 한 사건이나 인물 등에 집중되는 경향을 보인다. 한편 2인칭의 사용은 찾아보기 힘든데, TOPIK 1에서는 전혀 출현하지 않았으며, TOPIK 2에서만 매우 적은 비율로 출현하였다. 이는 2인칭 대명사 대신 상대방의 이름이나 직함을 사용하는 한국어의 특징이 반영된 결과로 볼 수 있다.

3.6. 접속 부사 분석

텍스트에 사용된 접속 부사, 특히 인과·시간·대비 관계를 명시적으로 드러내는 접속 부사는 텍스트의 정합성을 강화하여 이해 난도를 낮추는 데 기여할 수 있다(Graesser et al., 2007).

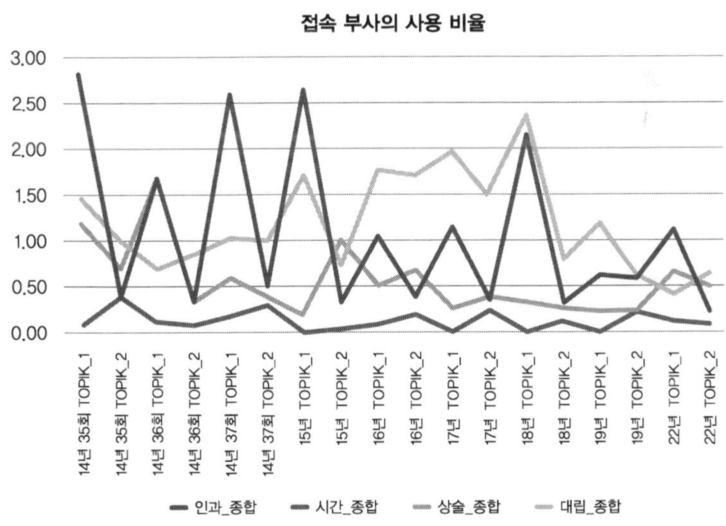

〈그림 22〉 2014~2022년 TOPIK 읽기 지문에서의 접속 부사 사용 비율

분석 결과, 인과를 나타내는 접속 부사('그래서', '그러니', '그러니까', '그러면' 등)와 대립을 나타내는 접속 부사('그러면', '그나저나', '한편' 등)는 TOPIK 1에서는 비교적 높은 비율로, TOPIK 2에서는 비교적 낮은 비율로 나타나는 경향이 일관되게 나타나는 것을 알 수 있다. 인과와 대립 관계를 나타내는 접속 부사가 사용되면 텍스트의 이해를 돕는 확실한 지표가 된다. 그러므로 중급 이상의 시험인 TOPIK 2에서는 의도적으로 텍스트 이해에 결정적으로 도움을 주는 인과, 대립 관계를 나타내는 접속 부사를 배제했을 가능성이 있다.

한편 시간을 나타내는 접속 부사('그러면서', '그동안', '순간' 등)는 TOPIK 2에서의 사용 비율이 TOPIK 1에서의 사용 비율보다 일관적으로 높게 나타난다. 이는 TOPIK 2의 지문이 상대적으로 길기 때문에 읽기 지문을 기술할 때 시간을 나타내는 접속 부사가 필요하기 때문인 것으로 보인다. 그러나 상술 접속부사('그리고', '아울러', '또한' 등)는 전반적으로 보았을 때 일관된 사용 양상을 찾기 어려웠다.

앞으로 한국어 텍스트에서의 접속 부사는 그 사용 비율에 따라 난도를 높이는 일이 될 수도 있고, 오히려 난도를 낮추는 일이 될 수 있을 것으로 보인다. 접속 부사의 유형별로 난이도에 영향을 끼치는 요인을 산정할 수 있다면 조금 더 정교한 난이도 추정이 가능할 것으로 보인다.

지금까지 2014년부터 2022년까지 시행되어 공개된 TOPIK 1과 TOPIK 2의 각 9회분, 총 18회분의 읽기 지문을 대상으로 하여, DEUS(Data Evaluation Unified System)를 활용한 언어 분석을 실시하였다. 분석의 초점은 텍스트의 난이도를 구성하는 요인을 다양한 언어적 층위에서 살펴보는 데 두었다. 구체적으로, (1) 텍스트의 표층적 차원에서는 어휘 및 문장의 수와 길이를 검토하였고, (2) 어휘적 요인으로는 어휘 빈도, 어휘 다양성, 대명사의 사용 양상을, (3) 통사적 요인으로는 수식언의 비율, 문장 성분의 비율, 관형절의 비율을, (4) 담화적 요인으로는 참조 정합성(coherence)과 접속 부사의 사용 양상을 분석 대상으로 설정하였다. 이를 통해 TOPIK 1과 TOPIK 2 간의 차이와 연도별 추이를 종합적으로 조망하였다.

종합해 보면, 표층 구조는 어휘 및 문장의 양적인 일관성과 난이도의 분화가 동시에 작동한 결과를 보여준다. 어휘 수와 문장 수는 회차·연도별로 큰 변동 없이 안정적으로 유지되어 시험의 공정성이 확보되었고, 난이도 차이는 주로 평균 문장 길이에서 분명하게 나타났다. TOPIK 2의 문장 길이가 TOPIK 1보다 확연히 길어 인지적 부담을 높였는데, 이는 급수 간 난이도 구분이라는 설계 의도와 합치한다. 다만 평균 어휘 길이는 초급 지문인 TOPIK 1에서 오히려 더 길게 나타났는데, 이는 '-ㅂ/습니다' 같은 문어형 종결어미의 반복이라는 장르·문체적 효과가 수치에 개입한 결과로 해석된다. 다시 말해 문장 길이는 난이도 지표로서 신뢰도가 높은 반면, 어휘 길이는 한국어 시험에서 장르 효과를 분리하여 고려해야 한다.

다음으로 어휘의 특성을 살펴본 결과는 다음과 같이 정리될 수 있다. 로그 변환된 빈도 지표로 보면 저빈도 어휘는 TOPIK 2에서 일관되게 더 많이 사용되어 상위 급수의 어휘 난이도가 적절히 통제되었음을 확인할 수 있다. 반면 타입-토큰 비율(TTR)은 두 급수 간 차이가 크지 않았다. 어휘 난이도를 판정할 때는 빈도(친숙도) 기반 통제가 핵심 신호이며, 다양성 지표 하나만으로는 급수 차이를 설명하기 어렵다. 이러한 타입-토큰 비율에 더해 다 단어 구성(Multi-Unit) 표현, 전문어 및 한자어 비율 같은 보조 지표를 함께 쓰면 더욱 정교해질 것으로 기대한다.

통사적 지표, 참조 정합성, 대명사, 접속 부사에 대한 분석은 난이도의 '깊이'를 보여준다고 볼 수 있겠다. 문장 성분 비율과 관형절 비율이

TOPIK 2에서 높아 구문적 깊이가 난도 상승에 기여하고, 동시에 명사 반복을 통한 참조 정합성은 TOPIK 2가 더 높아 긴 텍스트임에도 결속이 비교적 잘 유지된다. 대명사 사용의 양상도 숙달도별로 달라진다. TOPIK 1은 1인칭 중심으로 이해 단서를 많이 제공하고, TOPIK 2는 3인칭 중심으로 지시 해석 과제를 강화한다. 접속 부사 또한 그 유형별로 숙달도별 출현 양상이 다르게 나타난다. 인과 표지와 대비 표지는 TOPIK 1에서 더 자주 나타나 이해를 돕는 반면, TOPIK 2는 이러한 힌트를 줄이고 시간 표지를 상대적으로 더 활용해 담화의 진행만 표시하는 경향을 보인다.

결론적으로, TOPIK 읽기 지문은 분량의 안정성을 유지하면서 문장 길이, 구문의 깊이, 어휘 빈도, 참조 정합성을 조절함으로써 숙달도별로 난이도를 정교하게 분화하고 있는 것을 알 수 있다. 한국어 교육과 시험 출제의 측면에서는 초급 단계에서 텍스트 표층적인 연결 장치(인과 및 대립의 접속 부사, 1인칭 대명사 등)을 충분히 제공하여 이해가 쉽도록 돕고, 고급 단계로 갈수록 암시적인 장치, 통사적인 복잡성을 강화하여 담화 수준의 처리 능력을 평가하는 것이 합리적일 것으로 보인다. 이와 더불어 각 텍스트 장르별로 난이도를 결정하는 요인이 다를 수 있으므로, 앞으로 DEUS 시스템을 활용하여 장르별 난이도 요인의 차이 또한 고려하는 방향으로까지 나아갈 필요가 있을 것으로 보인다.

이상의 분석 결과는 한국어 읽기 숙달도 시험 지문을 구성하는 과정에서 고려해야 할 여러 가지 지침으로 활용될 수 있다. 본서에서 제시된 어휘 다양성, 참조 정합성, 접속 부사 사용 양상에 대한 논의는 단순히 텍스트 분석 차원에서 그치지 않고, 시험 문항 설계의 실제적 개선 방향을 제시한다는 점에서 교육적인 가치가 크다고 볼 수 있겠다.

마무리

본서에서는 텍스트 난이도 측정의 이론적 배경과 난이도를 객관적으로 측정하는 데 기여할 수 있는 DEUS 시스템의 개발과정과 주요 측정치, 활용 방안에 대해 소개하였다. 텍스트 난이도 측정은 단순히 학문적 관심을 넘어 교육 현장에서도 매우 중요한 역할을 한다. 특히, 학습자에게 적절한 수준의 학습 자료를 제공하고, 이를 통해 효과적인 학습을 유도하는 데 있어서 텍스트 난이도의 정확하고 객관적인 측정은 필수적이라고 할 수 있다. 이와 같은 관점에서 텍스트의 난이도 측정은 교육적 및 연구적으로도 그 가치가 매우 크다고 볼 수 있다.

제1장에서는 텍스트 난이도의 개념과 그 필요성에 대해 기술하였고, 난이도를 측정하는 데 적용 가능한 여러 이론적 접근 방식을 제시하였다. 이를 통해 난이도의 정의와 관련된 다양한 개념들을 제시하였고, 그 측정이 왜 중요한지에 대한 논의를 진행하였다. 난이도 측정을 위한 여러 요인들을 제시하는 부분에서는 난이도 측정의 복잡성과 다양한 쟁점들에

대해서 논의하였고, 텍스트 난이도를 측정하는 데 있어서 고려해야 할 요소들을 구체적으로 살펴보았다.

제2장에서는 DEUS 시스템의 개발 동기와 텍스트 난이도의 측정 방법에 대해 설명하였다. DEUS 시스템은 텍스트 난이도 측정을 자동화하고 객관화할 수 있는 데 활용될 수 있는 유용한 텍스트 분석 통합 솔루션이다. 제2장에서 제시한 것처럼, 텍스트의 심층적인 언어적 특성을 전산언어학적으로 구현 및 분석하는 것은 매우 도전적인 일이라고 할 수 있다. 본 저서에서는 DEUS 시스템 개발을 통해 텍스트의 표층 및 심층적 수준을 객관적으로 분석할 수 있는 토대와 가능성을 제시하였다.

제3장에서는 DEUS 시스템의 구체적인 기능과 사용법을 다루었다. DEUS 시스템의 인터페이스와 주요 기능들을 상세히 설명함으로써, 사용자가 실제로 텍스트 난이도를 측정하는 데 용이하게 활용할 수 있도록 안내하였다. 이를 통해 독자는 DEUS 시스템이 제공하는 측정치를 어떻게 해석하고, 그것이 텍스트 난이도 분석에 어떻게 기여하는지를 이해할 수 있을 것으로 기대한다.

마지막으로, 제4장에서는 DEUS 시스템을 실제로 활용한 한국어 텍스트 분석 사례를 소개하였다. 중학교 국어 교과서 읽기 지문, 한국어 학습자의 작문 텍스트, 한국어능력시험(TOPIK) 지문 등을 대상으로 한 난이도 분석을 통해서 텍스트 난이도가 학습자의 학년별, 수준별 특성에 따라 전반적으로 어떻게 달라지는지에 대한 구체적인 데이터를 제공하였다. 이러한 분석 결과는 텍스트 난이도를 객관적으로 평가하고, 학습자의 능력에 맞는 학습 자료를 제공하는 데 중요한 참고자료가 될 수 있을 것이다.

본서에서 제시한 텍스트 난이도에 대한 이론적 배경과 DEUS 시스템을 활용한 실제 한국어 텍스트 분석 결과들은 텍스트 난이도 측정이 단순한 이론적 논의에 그치지 않고 실제 교육 현장에 어떻게 적용될 수 있는지에 대한 실질적인 가이드를 제공한다. 텍스트 난이도를 객관적으로 정확하게 측정하여 이를 교육적 목적으로 활용하는 것은 학습자의 이해도와 학습 성과를 극대화하는 데 중요한 역할을 하며, 궁극적으로는 언어 교육의 질을 향상시키는 데 기여할 수 있을 것으로 기대된다.

본서를 통해 독자들은 텍스트 난이도의 측정과 분석에 대한 이론적 이해를 바탕으로 DEUS 시스템과 같은 자동화된 텍스트 분석 도구를 학습자 맞춤형 교육 자료 개발, 교육과정 설계 및 평가에 유용하게 활용할 수 있을 것이다. 텍스트 난이도 측정의 중요성은 점점 증대될 것이며, 아울러 DEUS 시스템과 같은 텍스트 분석 및 평가 도구들이 텍스트 분석과 교육 현장에서 더욱 주목받을 것으로 기대된다. 본 저서에서 상술한 텍스트 난이도 측정에 관한 이론을 토대로 개발된 DEUS 시스템에 기반한 새로운 텍스트 분석 패러다임이 향후 한국어 텍스트의 난이도 측정 및 분석에 객관적으로 적용될 수 있는 표준화된 난이도 측정방법으로 자리매김되기를 바란다.

참고문헌

강주연, 이이든(2019). 텍스트 마이닝을 활용한 '청소년상담 1388'빅데이터 분석: 2011~2018 네이버 지식 iN 을 중심으로. *청소년상담연구*, 27(2), 127-147.

구민지(2013). 한국어 읽기 교육을 위한 텍스트 난이도 측정법 연구. 가톨릭대학교 박사학위논문.

김선정, 김목아(2011). 한국어 학습자의 발달 양상 연구: 통사적 특성을 중심으로. *언어연구*, 26(4), 749-766.

김시현, 김민성, 유영주, 김화수(2018). 초등학교 1-2 학년 국어 교과서 구문 분석. *언어치료연구*, 27(3), 97-105.

김장식(2011). 한국어능력시험 읽기 영역 텍스트의 이독성 분석 연구. 부산외국어대학교 석사학위논문.

김장식(2012). 한국어능력시험 읽기 영역 텍스트의 이독성 분석 연구. *한국어문화교육*, 6(1), 1-24.

김지연(2017). 한국어능력시험 읽기 영역 텍스트의 난이도 분석 연구: 문장 길이와 문장 구조를 중심으로. 이화여자대학교 석사학위논문.

김한샘(2005). *현대 국어 사용 빈도 조사 2*. 서울: 국립국어원.

김현아(2017). 이독성 공식을 이용한 한국어 교재 텍스트 분석 연구. 경희대학교 교육대학원 석사학위논문.

김형중, 김진화(2017). 소셜 빅데이터 분석을 통한 소비자 가치 인식 연구: 신규 스마트폰을 중심으로. *한국전자거래학회지*, 22(1), 123-146.

나찬연(2009). *현대 국어 문법의 이해*. 월인.

남주연, 김양희, 김영주(2016). L2 한국어 문어 산출에서의 통사 복잡성 측정. *한국어 의미학*, 51, 21-56.'

류지수, 전문기(2020a). 한국어 분석 시스템 Auto-Kohesion 을 활용한 고등학교 국어교과서에 수록된 서사문과 논설문 비교 분석. *언어과학연구*, 93, 25-51.

류지수, 전문기(2020b). Auto-Kohesion 프로그램을 이용한 초등학교 국어교과서 텍스트의 복잡성 분석. *국어교육학연구*, 55(3), 131-156.

모엽청(2018). 한국어능력시험(TOPIK II) 읽기 영역 텍스트 난이도 분석: 어휘 난이도와 문법 난이도를 중심으로, 연세대학교 석사학위논문.

박지순, 서세정(2009). 쓰기 텍스트 분석을 통한 한국어 학습자의 통사적 숙달도 측정 연구. *언어와 문화*, 5(2), 151-173.

박지연, 장동련(2020). SNS 텍스트 분석을 통한 디자인 기업 특징 연구. *브랜드디자인학연구*, 18(4), 224-232.

백재파(2011). 한국어교육을 위한 읽기 텍스트의 이독성 공식연구. 동아대학교 석사학위논문.

서반석(2018). 한국어 접속 부사에 대한 인지 · 텍스트적 연구. 서울대학교 박사학위논문.

서혁(2011). 읽기 (독서) 교육 체계화를 위한 텍스트 복잡도 (Text Complexity) 상세화 연구 (1)-텍스트 복잡도 연구의 비판적 고찰을 중심으로. *국어교육학연구*, 42, 433-460.

서혁, 이소라, 류수경, 오은하, 윤희성, 변경가, 편지윤(2013). 읽기 (독서) 교육 체계화를 위한 텍스트 복잡도 (Degree of Text Complexity) 상세화 연구 (2). *국어교육학연구*, 253-290.

성일호(2014). 이독성공식과 Coh-Metrix 를 활용한 우리나라 고등학교 영어교과서 이독성 분석. *영어영문학연구*, 40(4), 299-320.

손선주, 박미숙, 박지은, 손진훈(2012). 한국어 감정표현단어의 추출과 범주화. *감성과학*, 15(1), 105-120.

신정록(2013). 고등학교 영어 교과서, EBS 영어 독해 교재, 대학수학능력시험 영어 독해 지문의 이독성 비교. 서울시립대학교 석사학위논문.

신정하(2016). 한국어능력시험 (TOPIK) 읽기 텍스트의 난이도 연구-TOPIK Ⅱ 의 읽기 영역을 중심으로. *이중언어학*, 62, 29-48.

신현숙(1999). 한국어 기능어의 어휘 정보 구축. *한국어교육*, 10(2), 215-232.

양혜진, 안정민, 이태헌(2021). 텍스트 빅데이터 분석을 통한 한국인의 불공정 경험 분석: 국민청원 게시판 데이터 분석 결과를 중심으로. *조사연구*, 22(1), 25-59.

윤영선(1975). 韓國語의 構造的 變因들의 分析과 國民學校 · 中學校 敎科書를 中心으로한 文章難易度公式의 開發, 〈研究論文集〉.

윤창욱(2006). 비문학 지문 이독성 공식 개발에 관한 연구. 한국교원대학교 석사학위논문.

음승민(2012), 중국인 한국어 학습자의 구문 발달에 대한 양적 연구 : 학습 단계 향상에 따른 문장의 구조 및 길이 변화를 중심으로. 고려대학교 교육대학원 석사학위논문.

이광오, 구민모, 남기춘, 박기남, 박태진, 배성봉, 이창환, 이혜원, 조증열(2017). 한국어 심성어휘집 연구를 위한 어휘판단 데이터베이스. *한국심리학회지: 인지 및 생물*, 29(4), 395-410.

이보미(2020). 한국어 읽기 텍스트의 난이도 측정 공식 개발에 관한 연구. *외국어로서의 한국어교육*, 56, 321-351.

이복자(2016), 한국어 학습자의 쓰기와 말하기에 나타난 복잡성, 정확성, 유창성의 역동적 발달 연구. 연세대학교 대학원 박사학위논문.

이성영(2011). 초등 교과서의 이독성 비교 연구-국어, 사회, 과학 교과서를 중심으로. *국어교육학연구*, 41, 169-193.

이수안, 박범준, 김민규, 신혜숙, 김진호(2019). 자유학기제 운영계획서에 대한 텍스트 빅데이터 분석 및 요약. *한국컴퓨터교육학회논문지*, 22(3), 135-146.

이예나, 최은정, 김명주(2018). 대선후보의 SNS 평판이 선거결과에 미치는 영향 분석. *디지털융복합연구*, 16(2), 195-201.

이종호, 허선영, 장후은(2020). 빅데이터 분석기법을 통한 정부의 산학협력 정책 트렌드 분석. *한국지역지리학회지*, 26(3), 260-271.

이지혜(2009). Dale-Chall의 이독성 공식을 이용한 한국어 읽기 텍스트 분석 연구. 경희대학교 석사학위논문.

임준성, 유세복, 김양수(2020). 빅데이터 플랫폼 기반 도로 시설물 안전관리 모니터링 시스템. *한국정보기술학회논문지*, 18(11), 139-151.

장미경(2012). 한국어 읽기 교육을 위한 텍스트 난이도 평가 방안 연구. 고려대학교 박사학위논문.

장미경(2022). 한국어 읽기 텍스트 난이도 연구의 동향과 과제. *돈암어문학*, 41, 321-347.

장채린, 전문기(2024a). 한국어능력시험 (TOPIK) 읽기 영역 텍스트의 난이도 분석-2014~2022 년 출제된 TOPIK I 과 II 비교를 중심으로. *이중언어학*, 96, 193-219.

장채린, 전문기(2024b). TOPIK 듣기 텍스트의 난이도 연구-2014~2022년 출제된 TOPIK I 과 II 비교를 중심으로. *한국언어문화학*, 21(3), 197-223.

전문기(2015). 자동화된 언어분석 프로그램을 활용한 중학교 영어교과서의 학년 간 연계성 분석. *현대영어교육*, 16(1), 195-218.

전문기(2016). *TEES를 이용한 영어 텍스트의 정합성 평가*. 서울: 한국문화사.

전성해(2020). 베이지안 텍스트 마이닝과 시각화를 이용한 특허 빅데이터 분석. *한국지능시스템학회 논문지*, 30(2), 154-160.

정혜승(2010). 글 난도 (difficulty) 평가를 위한 질적 방법 연구. *국어교육*, 131, 523-549.

최갑용(2021). 소방안전 빅데이터 플랫폼-구현방안 및 발전방향. *전자공학회지*, 48(1), 37-46.

최소영, 박은아, 변태진, 하명진, 류수경(2024). 교과 교육용 텍스트의 이독성 특성 분석: 국어과, 사회과, 과학과를 중심으로. *교육과정평가연구*, 27(1), 87-131.

최소영, 박태준, 류수경, 장지혜, 길호현, 이인화(2021). 교육용 텍스트의 이독성 평가 준거 개발 연구(RRC 2021-8). 한국교육과정평가원.

최숙기(2011). 공통핵심교육과정 (CCSS) 의 읽기 텍스트 위계화 방안에 관한 연구. *교육과정평가연구*, 14(2), 1-29.'

최영환(2003). *국어교육학의 지향*. 삼지원.

홍혜란, 장채린, 김유미, 강현화(2024). 한국어교육에서의 확장적 읽기 교육을 위한 수준별 텍스트 개발에 관한 일고찰. *인문사회과학연구*, 67(4), 153-178.

Abbassi, E., Blanchette, I., Ansaldo, A. I., Ghassemzadeh, H., & Joanette, Y. (2015). Emotional words can be embodied or disembodied: the role of superficial vs. deep types of processing. *Frontiers in Psychology*, 6, Article 975.

Baddeley, A. (1992). Working memory: The interface between memory and cognition. *Journal of Cognitive Neuroscience*, 4(3), 281-288.

Baddeley, A. D., & Hitch, G. J. (1974). Working memory. In G. H. Bower (Ed.), *The psychology of learning and motivation* (Vol. 8, pp. 47-89). Academic Press.

Berendes, K., Vajjala, S., Meurers, D., Bryant, D., Wagner, W., Chinkina, M., & Trautwein, U. (2018). Reading demands in secondary school: Does the linguistic complexity of textbooks increase with grade level and the academic orientation of the school track?. *Journal of Educational Psychology*, 110(4), 518-543.

Biber, D. (1988). Variation across speech and writing. Cambridge university press.

Caron, J., Micko, H. C., & Thüring, M. (1988). Conjunctions and the recall of composite sentences. *Journal of Memory and Language*, 27(3), 309-323.

Chang, L. Y., Plaut, D. C., & Perfetti, C. A. (2016). Visual complexity in orthographic learning: Modeling learning across writing system variations. *Scientific Studies of Reading*, 20(1), 64-85.

Chaudron, C., & Richards, J. C. (1986). The effect of discourse markers on the comprehension of lectures. *Applied Linguistics*, 7(2), 113-127.

Chomsky, N. (1957). *Syntactic structures*. Mouton.

Conrad, C. (1974). Context effects in sentence comprehension: A study of the subjective lexicon. *Memory & Cognition*, 2, 130-138.

Crossley, S. A., Dufty, D. F., McCarthy, P. M., & McNamara, D. S. (2007). Toward a new readability: A mixed model approach. In *Proceedings of the Annual Meeting of the Cognitive Science Society* (Vol. 29, No. 29).

Degand, L., & Sanders, T. (2002). The impact of relational markers on expository text comprehension in L1 and L2. *Reading and Writing*, 15, 739-757.

Ekman, P. (1971). *Universals and cultural differences in facial expressions of emotion. In Nebraska symposium on motivation*. University of Nebraska Press.

Ericsson, K. A., & Kintsch, W. (1995). Long-term working memory. *Psychological Review*, 102(2), 211-245.

Flesch, R. (1948). A new readability yardstick. *Journal of Applied Psychology*, 32(3), 221-233.

Flower, L., & Hayes, J. R. (1980). The cognition of discovery: Defining a rhetorical problem. *College Composition & Communication*, 31(1), 21-32.

Flower, L., & Hayes, J. R. (1981). A cognitive process theory of writing. *College Composition & Communication*, 32(4), 365-387.

Fromkin, V., Rodman, R., & Hyams, N. (2020). *An introduction to language* (11. e.). Cengage Learning.

Fry, E. (2002). Readability versus leveling. *The Reading Teacher*, 56(3), 286-291.

Gernsbacher, M. A., Goldsmith, H. H., & Robertson, R. R. (1992). Do readers mentally represent characters' emotional states?. *Cognition & Emotion*, 6(2), 89-111.

Goldman, S. R., & Murray, J. D. (1992). Knowledge of connectors as cohesion devices in text: a comparative study of native-English and English-as-a-second-language speakers. *Journal of Educational Psychology*, 84(4), 504-519.

Graesser, A. C., Jeon, M., Yan, Y., & Cai, Z. (2007). Discourse cohesion in text and tutorial dialogue. *Information Design Journal*, 15(3), 199-213.

Graesser, A. C., Jeon, M., Cai, Z., & McNamara, D. S. (2008). Automatic analyses of language, discourse, and situation models. In J. Auracher & W. van Peer (Eds.), *New beginnings in literary studies* (pp. 72-88). Cambridge Scholars Publishing.

Graesser, A. C., & McNamara, D. S. (2011). Computational analyses of multilevel discourse comprehension. *Topics in Cognitive Science*, 3(2), 371-398.

Graesser, A. C., McNamara, D. S., & Kulikowich, J. M. (2011). Coh-Metrix: Providing multilevel analyses of text characteristics. *Educational researcher*, 40(5), 223-234.

Graesser, A. C., McNamara, D. S., & Louwerse, M. M. (2003). What do readers need to learn in order to process coherence relations in narrative and expository text. In A. P. Sweet, & C. E. Snow (Eds.), *Rethinking reading comprehension* (pp. 82-98). (Solving Problems in the Teaching of Literacy). Guilford Press.

Graesser, A. C., McNamara, D. S., Louwerse, M. M., & Cai, Z. (2004). Coh-Metrix: Analysis of text on cohesion and language. *Behavior Research Methods, Instruments, & Computers*, 36(2), 193-202.

Graesser, A. C., Singer, M., & Trabasso, T. (1994). Constructing inferences during narrative text comprehension. *Psychological Review*, 101(3), 371-395.

Halliday, M. A. K., & Hasan, R. (1976). *Cohesion in english*. Longman.

Heimerl, F., Lohmann, S., Lange, S., & Ertl, T. (2014, January). Word cloud explorer: Text analytics based on word clouds. In *2014 47th Hawaii International Conference on System Sciences* (pp. 1833-1842). IEEE.

Hsu, C. T., Jacobs, A. M., Citron, F. M., & Conrad, M. (2015). The emotion potential of words and passages in reading Harry Potter-An fMRI study. *Brain and Language*, 142, 96-114.

Jeon, M. (2014). Analyzing the cohesion of English text and discourse with automated computer tools. *Journal of Pan-Pacific Association of Applied Linguistics*, 18(2), 123-133.

Just, M. A., & Carpenter, P. A. (1992). A capacity theory of comprehension: individual differences in working memory. *Psychological Review*, 99(1), 122-149.

Katz, S. M. (1996). Distribution of content words and phrases in text and language modelling. *Natural Language Engineering*, 2(1), 15-59.

Kellogg, R. T. (2015). *Fundamentals of cognitive psychology*. Sage Publications.

Kincaid, J. P., Fishburne Jr, R. P., Rogers, R. L., & Chissom, B. S. (1975). *Derivation of new readability formulas (automated readability index, fog count and flesch reading ease formula) for navy enlisted personnel.*

Kintsch, W., & Van Dijk, T. A. (1978). Toward a model of text comprehension and production. *Psychological Review*, 85(5), 363-394.

Klare, G. R. (1984). Readability. In P. D. Pearson (Ed.), *Handbook of reading research* (pp. 681-744). Longman.

Klare, G. R. (1974-1975). Assessing readability. *Reading Research Quarterly*, 10(1), 62-102.

Lightman, E. J., McCarthy, P. M., Dufty, D. F., & McNamara, D. S. (2007). Cohesion and structural organization in high school texts. In D. Wilson and G. Sutcliffe (Eds.), *Proceedings of the 12th International Florida Artificial Intelligence Research Society Conference* (pp. 235-240). The AAAI Press.

Liontou, T. (2022). Automated Discourse Analysis Techniques and Implications for Writing Assessment. *Languages*, 8(1), Article 3.

McNamara, D. S., Graesser, A. C., McCarthy, P. M., & Cai, Z. (2014). *Automated evaluation of text and discourse with Coh-Metrix*. Cambridge University Press.

McNamara, D. S., Louwerse, M. M., McCarthy, P. M., & Graesser, A. C. (2010). Coh-Metrix: Capturing linguistic features of cohesion. *Discourse Processes*, 47(4), 292-330.

Millis, K., & Just, M. (1994). The influence of connectives on sentence comprehension, *Journal of Memory and Language*, 33, 128-147.

Murray, J. (1997). Connective and narrative text: The role of continuity, *Memory & Cognition*, 25(2), 227-236.

Niedenthal, P. M., Rohmann, A., & Dalle, N. (2003). What is primed by emotion concepts and emotion words. In J. Musch & K. C. Klauer (Eds.), *The psychology of evaluation: Affective processes in cognition and emotion* (pp. 307-333). Lawrence Erlbaum Associates Publishers.

Onifer, W., & Swinney, D. A. (1981). Accessing lexical ambiguities during sentence comprehension: Effects of frequency of meaning and contextual bias. *Memory & Cognition*, 9, 225-236.

Ozono, S., & Ito, H. (2003). Logical connectives as catalysts for interactive L2 reading. *System*, 31(2), 283-297.

Pelli, D. G., Burns, C. W., Farell, B., & Moore-Page, D. C. (2006). Feature detection and letter identification. *Vision Research*, 46(28), 4646-4674.

Perfetti, C. A. (2007). Reading ability: Lexical quality to comprehension. *Scientific Studies of Reading*, 11(4), 357-383.

Perfetti, C., & Stafura, J. (2014). Word knowledge in a theory of reading comprehension. *Scientific Studies of Reading*, 18(1), 22-37.

Rastle, K., & Coltheart, M. (1998). Whammies and double whammies: The effect of length on nonword reading. *Psychonomic Bulletin & Review*, 5, 277-282.

Rey, A., Jacobs, A. M., Schmidt-Weigand, F., & Ziegler, J. C. (1998). A phoneme effect in visual word recognition. *Cognition*, 68(3), B71-B80.

Sanders, T. J., & Noordman, L. G. (2000). The role of coherence relations and their linguistic markers in text processing. *Discourse Processes*, 29(1), 37-60.

Schmitt, N., Jiang, X., & Grabe, W. (2011). The percentage of words known in a text and reading comprehension. *The Modern Language Journal*, 95(1), 26-43.

Stahl, S. A., & Jacobson, M. G. (1986). Vocabulary difficulty, prior knowledge, and text comprehension. *Journal of Reading Behavior*, 18(4), 309-323.

Swinney, D. A. (1979). Lexical access during sentence comprehension:(Re) consideration of context effects. *Journal of Verbal Language and Verbal Behavior*, 18(6), 645-659.

Zipf, G. K. (1935). *The Psycho-Biology of Language: An Introduction to Dynamic Philology*. Houghton Mifflin.

Zipf, G. K. (1949). *Human Behavior and the Principle of Least Effort: An Introduction to Human Ecology*. Addison-Wesley.

주제 찾아보기

인명 찾아보기

DEUS 프로그램에 기반한 한국어 텍스트의 난이도 평가

1판 1쇄 발행 2025년 12월 26일

지 은 이 | 전문기 · 장채린 · 정혜녕
펴 낸 이 | 김진수
펴 낸 곳 | 한국문화사
등 록 | 제1994-9호
주 소 | 서울시 성동구 아차산로49, 404호(성수동1가, 서울숲코오롱디지털타워3차)
전 화 | 02-464-7708
팩 스 | 02-499-0846
이 메 일 | hkm7708@daum.net
홈페이지 | http://hph.co.kr

ISBN 979-11-6919-370-2 93710